Business, Economics, and Law

Reihe herausgegeben von

Stefan Zeranski, Brunswick European Law School (BELS), Wolfenbüttel, Deutschland

Svend Reuse, Hochschule für Oekonomie und Management, FOM, Essen, Deutschland

In einer Wissensgesellschaft ist es erforderlich, Erkenntnisse aus sehr guten wissenschaftlichen Arbeiten frühzeitig zu fixieren und mit der Praxis zu verknüpfen. Die Reihe „Business, Economics, and Law" befasst sich mit aktuellen Forschungsergebnissen aus den Wirtschafts- und Rechtswissenschaften und leistet damit einen Beitrag zum Diskurs zwischen Theorie und Praxis. Sie gibt Anregungen zu Forschungsthemen und Handlungsimpulse für die Praxis. Springer Gabler Results richtet sich an Autoren, die ihre fachliche Expertise in konzentrierter Form präsentieren möchten. Externe Begutachtungsverfahren sichern die Qualität. Die kompakte Darstellung auf maximal 120 Seiten bringt ausgezeichnete Forschungsergebnisse „auf den Punkt". Springer Gabler Results ist als Teilprogramm des Bereichs Springer Gabler Research besonders auch für die digitale Nutzung von Wissen konzipiert. Zielgruppe sind (Nachwuchs-)Wissenschaftler, Fach- und Führungskräfte.

Herausgegeben von
Prof. Dr. Stefan Zeranski Brunswick European Law School (BELS), Wolfenbüttel
Prof. Dr. Svend Reuse FOM – Hochschule für Oekonomie und Management isf – Institute for Strategic Finance, Essen

Oliver Michelmann

DORA und LSI-Banken

Proportionalität auf dem Prüfstand

Springer Gabler

Oliver Michelmann
Wirtschaftwissenschaften
Allensbach Hochschule
Konstanz, Deutschland

Diese Publikation basiert auf einer Masterarbeit, eingereicht an der Allensbach Hochschule, Fakultät Wirtschaftswissenschaften, Konstanz, Deutschland, im Jahr 2025.

ISSN 2625-6959 ISSN 2625-6967 (electronic)
Business, Economics, and Law
ISBN 978-3-658-51101-2 ISBN 978-3-658-51102-9 (eBook)
https://doi.org/10.1007/978-3-658-51102-9

Die Deutsche Nationalbibliothek verzeichnet diese Publikation in der Deutschen Nationalbibliografie; detaillierte bibliografische Daten sind im Internet über https://portal.dnb.de abrufbar.

Planung/Lektorat: Karina Kowatsch
Springer Gabler ist ein Imprint der eingetragenen Gesellschaft Springer Fachmedien Wiesbaden GmbH und ist ein Teil von Springer Nature.
Die Anschrift der Gesellschaft ist: Abraham-Lincoln-Str. 46, 65189 Wiesbaden, Germany

Inhaltsverzeichnis

Abkürzungsverzeichnis

AT	Allgemeiner Teil (der MaRisk)
BaFin	Bundesanstalt für Finanzdienstleistungsaufsicht
BAIT	Bankaufsichtliche Anforderungen an die IT
BiRD	Banks' Integrated Reporting Dictionary
BSI	Bundesamts für Sicherheit in der Informationstechnik
CMDB	Configuration Management Database
CRD	Capital Requirements Directive
CRR	Capital Requirements Directive
CTI	Cyber Threat Intelligence-Daten
DORA	Digital Operational Resilience Act
EBA	European Banking Authority
EIOPA	European Insurance and Occupational Pensions Authority
ESMA	European Securities and Markets Authority
EU	Europäische Union
EZB	Europäische Zentralbank
FS-ISAC	Financial Services Information Sharing and Analysis Center
ICAAP	Internal Capital Adequacy Assessment Process
IKT	Informations- und Kommunikationstechnologie
ILAAP	Internal Liquidity Adequacy Assessment Process
IoCs	Indikatoren für Kompromittierungen
iReF	Integrated Reporting Framework
IT	Informationstechnologie
ITS	Implementing Technical Standard
KWG	Kreditwesengesetz

LSI	Less Significant Institute
MaRisk	Mindestanforderungen an das Risikomanagement
MISP	Malware Information Sharing Platform
MW	Mittelwert
NIS2	Network and Information Security Directive 2
PSD2	Payment Service Directive 2
RTS	Regulatory Technical Standard
SD	Standardabweichung
SI	Significant Institute (Bilanzsumme von über 30 Mrd. Euro)
SIEM	Security Information and Event Management
SLA	Service Level Agreement
SREP	Supervisory Review and Evaluation Process
SSM	Single Supervisory Mechanism
TIBER	Threat Intelligence-Based Ethical Red Teaming
TLPT	Threat-Led Penetration Tests

Abbildungsverzeichnis

Einleitung 1

„Die Kalibrierung der Finanzregulierung darf nicht abgeschwächt werden. Wir brauchen stattdessen weniger Komplexität in der Regulierung und mehr Proportionalität.“[1]

– Mark Branson, Präsident der BaFin, Jahrespressekonferenz am 14. Mai 2024

Die Regulierungsdichte im europäischen Finanzsektor hat in den vergangenen Jahren ein Ausmaß erreicht, das zunehmend kritisch reflektiert wird, insbesondere vonseiten der Aufsichtsbehörden selbst. In seinem Plädoyer für eine Regulierungspraxis, die auf Vereinfachung abzielt, betont der Präsident der Bundesanstalt für Finanzdienstleistungsaufsicht (BaFin) die strukturelle Benachteiligung kleinerer Institute durch die gegenwärtige Komplexität des Finanzmarktes und betont damit ein Hindernis für neue Akteure auf dem Markt. Branson zufolge ist eine Entschlackung und Befreiung der europäischen Regelwerke von Überlappungen erforderlich, ohne dabei das zugrundeliegende Sicherheitsniveau zu gefährden. Diese Einschätzung reflektiert eine Realität, mit der sich kleine und mittelgroße Kreditinstitute bereits seit Jahren konfrontiert sehen.[2] Im Vordergrund stehen dabei komplexe regulatorische Anforderungen, die sich aus der Interaktion zwischen verschiedenen Kapitalregimen ergeben. Dazu zählen das CRR/CRD, die Governance-Anforderungen der MaRisk, die technischen Mindeststandards der BAIT sowie zusätzliche Anforderungen aus den Bereichen Nachhaltigkeitsberichterstattung und Geldwäscheprävention. Die vielschichtige regulatorische Last bedingt einen erhöhten finanziellen Aufwand sowie einen zunehmenden Bedarf an personellen und technischen Ressourcen. Dabei besteht jedoch oftmals ein

[1] Branson, 2024.

[2] Vgl. Rocholl et al., 2017, S. 3–17.

O. Michelmann, *DORA und LSI-Banken*, Business, Economics, and Law,
https://doi.org/10.1007/978-3-658-51102-9_1

Missverhältnis zwischen dem administrativen Aufwand und der institutsindividuellen Risikolage. Die Implementierung der DORA-Verordnung (EU 2022/2554) könnte dazu führen, dass sich das Spannungsverhältnis im Hinblick auf IKT-Risiken weiter intensiviert. Die Etablierung eines einheitlichen Mindestniveaus für alle Akteure des Finanzmarktes ist im Sinne der europäischen Marktintegration und angesichts steigender Bedrohungslagen im Bereich der Cybersicherheit, der Datenintegrität und der digitalen Abhängigkeit von Dienstleistern sowohl konsequent als auch notwendig. Gemäß den Angaben der EZB und EBA ist die Anzahl der Vorfälle in den vergangenen Jahren signifikant angestiegen, und die potenziellen systemischen Auswirkungen können beträchtliche Ausprägungen annehmen. Es ist festzuhalten, dass DORA, trotz des in Art. 4 verankerten Proportionalitätsgrundsatzes, keine tiefgreifende systematische Differenzierung entlang institutsindividueller Merkmale wie Größe, Komplexität oder Geschäftsmodell vorsieht. Vielmehr finden die Vorgaben Anwendung für sämtliche beaufsichtigten Institute, unabhängig davon, ob es sich um ein systemrelevantes Großinstitut oder ein lokal tätiges LSI (Less Significant Institution) handelt. Ein internationaler Vergleich zeigt, dass in den Vereinigten Staaten, etwa unter dem „Tailoring Rule"-Ansatz, regulatorische Entlastungen für kleinere Institute auch im Bereich von IT- und Compliance-Anforderungen zunehmend diskutiert werden.[3] Die EU hingegen verfolgt mit DORA eine weitgehende Vereinheitlichung und Ausweitung regulatorischer Pflichten. Insbesondere LSIs sehen sich daher mit der Herausforderung konfrontiert, hochkomplexe Anforderungen umzusetzen, die bislang primär im Kontext großer, stark vernetzter Institute diskutiert wurden.

1.1 Ausgangslage und Einordnung

Mit dem Inkrafttreten der DORA-Verordnung wurde somit ein regulatorischer Rahmen geschaffen, der erstmals auf europäischer Ebene eine umfassende und sektorübergreifende Regulierung von IKT-Risiken im Finanzsektor vorsieht. Das Ziel besteht darin, die Resilienz der Finanzinfrastruktur gegenüber digitalen Gefährdungen zu erhöhen und ein konsistentes Mindestmaß an IKT-Sicherheit innerhalb der Europäischen Union zu implementieren. DORA manifestiert sich dabei unmittelbar und verpflichtet neben Kreditinstituten auch Versicherungsgesellschaften, Zahlungsdienstleister, Kapitalverwaltungsgesellschaften und weitere Akteure des Finanzmarktes zur Implementierung eines definierten Maßnahmenkatalogs. Als integraler Bestandteil des im Jahr 2020 veröffentlichten EU-Digital

[3] Vgl. Siems, 2025, S. 1–44.

Finance Package zielt DORA auf eine gezielte Reaktion auf die zunehmende Digitalisierung des Finanzsektors ab.[4] Das vorliegende Maßnahmenpaket avisiert eine europäische Strategie zur Förderung von Innovation, Wettbewerbsfähigkeit und Sicherheit im Finanzsektor. Im Rahmen des Digital Finance Package kommt DORA eine Schlüsselrolle zu, da sie ein sektorübergreifendes, unmittelbar anwendbares Regelwerk zur digitalen Widerstandsfähigkeit darstellt und somit eine regulatorische Antwort auf die zunehmende Abhängigkeit von Informations- und Kommunikationstechnologien sowie auf neue digitale Bedrohungsszenarien bietet. Die Implementierung von DORA erfolgt insbesondere im Kontext des deutschen Aufsichtsregimes, das bereits durch eine hohe Regulierungsdichte charakterisiert ist. Es existiert bereits ein komplexes Geflecht aus nationalen und europäischen Anforderungen an Governance, Sicherheit und Kontinuität, das durch Vorgaben wie die BAIT, die EBA-Leitlinien zum IKT- und Sicherheitsrisikomanagement, die MaRisk sowie branchenspezifische IT-Rahmenwerke gebildet wird. DORA erweitert dieses Spektrum nicht nur inhaltlich, sondern verschärft auch die Anforderungen an Dokumentation, Nachvollziehbarkeit und Rechenschaftspflicht. Aus dieser Ausgangslage ergibt sich ein Spannungsfeld zwischen dem berechtigten Ziel der regulatorischen Resilienzsicherung und der praktischen Umsetzbarkeit, insbesondere für kleinere Institute. Die sogenannten LSIs, die in Deutschland einen erheblichen Teil des Bankensektors ausmachen, verfügen häufig über begrenzte personelle, finanzielle sowie technische Ressourcen und gelten im Rahmen des Single Supervisory Mechanism (SSM) als nicht bedeutende Institute im Sinne von Art. 6 Abs. 4 SSM-Verordnung. Ein Kreditinstitut gilt unter anderem dann als bedeutend, wenn es eine Bilanzsumme von mehr als 30 Mrd. Euro aufweist, grenzüberschreitend tätig ist oder als systemrelevant eingestuft wird.[5] Die Aufsicht über LSI-Institute obliegt in Deutschland der BaFin in Zusammenarbeit mit der Deutschen Bundesbank. Trotz ihrer geringeren Größe stellen sie aufgrund ihrer flächendeckenden Präsenz, ihrer Kundennähe und Rolle bei der Kreditvergabe an den Mittelstand einen stabilitätsrelevanten Bestandteil des deutschen Bankensektors dar. Gleichzeitig sind sie aber auch besonders anfällig für eine regulatorische Überbeanspruchung. Für diese Institute kann die Umsetzung von DORA, insbesondere der in den RTS und ITS konkretisierten Detailanforderungen, eine betriebswirtschaftlich relevante Belastung darstellen. Die Diskussion um das in Art. 4 DORA verankerte Proportionalitätsprinzip gewinnt daher an Bedeutung. Während die Verordnung auf die Differenzierung nach Größe, Art, Umfang und Komplexität eines Instituts verweist, bleibt offen,

[4] Vgl. Janciute, 2025, S. 145–154.

[5] Vgl. Osman, 2024, S. 33–167.

wie diese Differenzierung konkret operationalisiert und in der Aufsichtspraxis angewendet wird.[6] Gleichzeitig darf nicht übersehen werden, dass die technologische Realität des Finanzsystems eine neue Form der Verwundbarkeit geschaffen hat: Cloud-Abhängigkeiten, Cyber-Bedrohungen und die systemische Rolle von IKT-Drittanbietern sind Risiken, denen kein Institut entgehen kann. Die regulatorische Reaktion auf diese Entwicklung stellt aus Sicht der Finanzstabilität eine logische Folge dar. Die Einordnung des Themas bewegt sich dabei zwischen den Polen einer regulatorischen Verschärfung mit hohem Anspruch und der Frage nach einer praktikablen, verhältnismäßigen Umsetzung, insbesondere für kleinere Institute, die sich einem stetig wachsenden Umsetzungsdruck ausgesetzt sehen.

1.2 Zielsetzung der Arbeit

Die vorliegende Masterarbeit zielt darauf ab, die Auswirkungen der DORA-Verordnung auf LSIs in Deutschland systematisch zu analysieren und im Lichte des in Art. 4 DORA verankerten Proportionalitätsgrundsatzes zu bewerten. Die Untersuchung soll dabei ein differenziertes Verständnis darüber entwickeln, ob und in welchen Bereichen die Vorgaben der DORA-Verordnung für LSI-Institute zu einer unverhältnismäßigen Belastung führen. Dies soll vor allem im Bezug zur bisherigen nationalen Aufsichtspraxis (insbesondere BAIT und MaRisk) erfolgen. In diesem Zusammenhang ist es von besonderer Relevanz, jene DORA-Bausteine zu identifizieren, die sich durch einen hohen operativen Umsetzungsaufwand auszeichnen. Dazu zählen insbesondere das IKT-Risikomanagement, das Meldewesen für IKT-Vorfälle, das Testen der digitalen operationellen Resilienz sowie die Steuerung und Überwachung von Drittparteien. In Anbetracht der flächendeckenden Relevanz von LSIs für die Kreditversorgung in Deutschland und ihrer zugleich limitierten operativen Ressourcen ist es ein zentrales Anliegen der vorliegenden Arbeit, potenzielle Spannungsfelder zwischen regulatorischen Zielsetzungen und praktischer Umsetzbarkeit zu identifizieren. Das Ziel besteht dabei nicht darin, die grundsätzliche Notwendigkeit sektorweiter Resilienzanforderungen infrage zu stellen. Vielmehr soll geprüft werden, ob die regulatorische Umsetzung in ihrer jetzigen Form ausreichend Raum für Differenzierung bietet, um die spezifischen Ausgangsbedingungen kleinerer Institute zu berücksichtigen. In diesem Zusammenhang verfolgt die Arbeit ein doppeltes Erkenntnisinteresse. Einerseits wird ein praxisorientierter Beitrag zur Bewertung der operativen

[6] Vgl. Leusmann, 2023, S. 73–88.

Umsetzung von DORA in LSI-Banken geleistet, andererseits wird eine wissenschaftlich fundierte Grundlage für die Diskussion um eine adäquate Anwendung des Proportionalitätsprinzips im europäischen Regulierungsrahmen geschaffen. Die vorliegende Analyse fußt auf einer umfassenden theoretischen und regulatorischen Aufarbeitung sowie auf der Auswertung empirischer Daten, die im Rahmen einer strukturierten Untersuchung unter deutschen LSI-Instituten erhoben werden. Die empirischen Ergebnisse, die in dieser Arbeit gewonnen werden, sollen dazu dienen, konkrete Umsetzungserfahrungen der Institute zu veranschaulichen und praktisch umsetzbare Handlungsempfehlungen für eine gezielte Klarstellung oder Anpassung bestehender Anforderungen abzuleiten. Die Verbindung einer theoretisch-konzeptionellen Einordnung und empirischen Validierung zielt darauf ab, einen Mehrwert für Institute im Umgang mit DORA zu generieren und einen Beitrag zur Weiterentwicklung der europäischen Regulierungspraxis zu leisten. Dabei wird sowohl die regulatorische Zielsetzung als auch die operative Realität von deutschen LSI-Banken berücksichtigt.

1.3 Forschungsfragen und Hypothesen

Basierend auf der zuvor dargelegten Zielsetzung dieser Arbeit entwickelt sich die übergeordnete Forschungsfrage, welche konkreten Herausforderungen sich für diese Institute bei der praktischen Umsetzung der DORA-Verordnung ergeben und wie diese unter Proportionalitätsgesichtspunkten adressiert werden können. Die Leitfrage wird in mehreren Untersuchungsdimensionen erörtert, die sich auf unterschiedliche inhaltliche Schwerpunkte der DORA-Verordnung beziehen. Im Rahmen der Analyse werden insbesondere die Regelungsbereiche identifiziert, die von den betroffenen Instituten als besonders ressourcenintensiv wahrgenommen werden. Ein weiterer Fokus liegt auf der Evaluierung des mit DORA verbundenen Umsetzungsaufwands im Vergleich zur bisherigen BAIT-Regulierung. Zudem werden die Auslegungsunsicherheiten und Interpretationsspielräume aus Sicht der Institute identifiziert. Gleichzeitig wird der Fokus auf bereits implementierte Maßnahmen sowie potenzielle Klarstellungen oder Erleichterungen gerichtet, die zur Steigerung der Umsetzungseffizienz beitragen könnten. Im Rahmen der Untersuchung soll zudem analysiert werden, ob sich Diskrepanzen in der Belastungswahrnehmung zwischen diversen Typen von LSIs ergeben. Diese Unterschiede könnten beispielsweise in Abhängigkeit von der Institutsgröße, dem Digitalisierungsgrad oder dem Geschäftsmodell festgestellt werden. In Anbetracht dessen werden in der vorliegenden Arbeit mehrere überprüfbare Hypothesen formuliert. Die Hypothese, dass LSI-Banken den Übergang von

BAIT zu DORA mit einem signifikant höheren administrativen und organisatorischen Aufwand assoziieren, wird dabei als erste Hypothese aufgestellt. Darüber hinaus liegt die Vermutung nahe, dass insbesondere die Anforderungen an kritische IKT-Dienstleister sowie an das Management von Auslagerungsverhältnissen als besonders herausfordernd empfunden werden. Es wird ferner antizipiert, dass kleinere LSIs einem höheren Umsetzungsdruck ausgesetzt sind als größere LSIs. Einen weiteren Untersuchungsschwerpunkt bilden die neu eingeführten Meldepflichten für IKT-Vorfälle, denen ein erheblicher operativer Aufwand beigemessen wird. Weiterhin wird angenommen, dass insbesondere in den Bereichen Dokumentation, Meldewesen und Prüfanforderungen ein besonderer Wunsch nach regulatorischer Klarstellung besteht. Die Beantwortung dieser Fragestellungen erfolgt auf Grundlage einer empirischen Untersuchung, deren methodisches Vorgehen im noch folgenden Methodik-Kapitel näher erläutert wird. Das Ziel besteht darin, durch eine strukturierte und hypothesengeleitete Analyse ein differenziertes Bild der praktischen Umsetzungserfahrungen von LSIs zu zeichnen und daraus fundierte Rückschlüsse für eine angemessene Ausgestaltung des Proportionalitätsprinzips im Rahmen der DORA-Regulierung abzuleiten.

1.4 Aufbau der Arbeit

Die vorliegende Masterarbeit ist in sechs inhaltlich aufeinander aufbauende Hauptkapitel gegliedert. Nach der Einleitung, in der das Themenfeld skizziert, die Zielsetzung dargelegt sowie die zentralen Forschungsfragen und Hypothesen formuliert wurden, folgt im zweiten Kapitel eine systematische Darstellung des regulatorischen Rahmens. Hierbei wird die konzeptionelle Grundlage der Arbeit dargelegt, der Proportionalitätsgedanke in der Bankenaufsicht erörtert und die Entwicklung der IKT-bezogenen Aufsichtsanforderungen dargestellt. Zudem werden die zentralen Inhalte der DORA-Verordnung themenspezifisch aufgearbeitet. Das dritte Kapitel widmet sich der Methodik der empirischen Untersuchung und beschreibt den gewählten Forschungsansatz, die Operationalisierung sowie die Durchführung und Auswertung der Erhebung. Weiterhin präsentiert das vierte Kapitel die empirischen Ergebnisse der Untersuchung. Es zeigt zunächst die allgemeine Wahrnehmung der DORA-Anforderungen in den befragten Instituten und identifiziert anschließend die zentralen Belastungsschwerpunkte in den einzelnen Themenfeldern. Darüber hinaus werden die Einflussfaktoren auf die wahrgenommene Belastung analysiert und hinsichtlich ihrer Bedeutung für das Proportionalitätsprinzip eingeordnet. Aufbauend auf diesen Ergebnissen werden im fünften Kapitel proportionale Gestaltungsansätze entwickelt, die konkrete

Ansatzpunkte für eine adressatengerechte Umsetzung von DORA liefern. Zudem werden strategische Implikationen abgeleitet, um die Wirksamkeit der Regulierung unter Effizienzgesichtspunkten zu erhöhen. Das abschließende sechste Kapitel fasst die zentralen Erkenntnisse zusammen, leitet daraus praxisorientierte Handlungsempfehlungen ab und diskutiert sowohl methodische Limitationen als auch Perspektiven für weiterführende Forschung.

2 Regulatorischer Rahmen

Der regulatorische Rahmen bildet das Fundament dieser Arbeit und definiert die rechtlichen sowie aufsichtlichen Vorgaben, innerhalb derer sich die Untersuchung bewegt. Im Mittelpunkt steht DORA als zentrale europäische Verordnung zur Stärkung der digitalen Widerstandsfähigkeit des Finanzsektors. Sie wird im Folgenden in ihrer Entstehung, Zielsetzung und Systematik erläutert und in Beziehung zu bestehenden Regelwerken gesetzt. Durch diese Einordnung werden sowohl die regulatorischen Schnittstellen als auch die potenziellen Überschneidungen sichtbar, die für das Verständnis der empirisch untersuchten Proportionalitätsfragen von entscheidender Bedeutung sind.

2.1 Proportionalität in der Bankenaufsicht

Die Regulierung und Beaufsichtigung von Kreditinstituten in Europa erfolgt auf der Grundlage weitgehend harmonisierter Regelwerke, die mit dem Ziel eines einheitlichen Binnenmarkts für Finanzdienstleistungen konzipiert wurden. Diese Vereinheitlichung, etwa durch das sogenannte „Single Rule Book", steht jedoch in einem Spannungsverhältnis zur institutionellen und strukturellen Vielfalt des europäischen Bankensektors. In Deutschland, das sich durch eine historisch gewachsene, stark dezentrale Bankenstruktur auszeichnet, ist die Frage von besonderer Relevanz, wie einheitliche aufsichtsrechtliche Anforderungen in einer Weise angewendet werden können, die sowohl den Systemzielen der Finanzstabilität als auch der institutionellen Diversität gerecht wird.[1] Im deutschen Verwaltungskontext wird dieser Proportionalitätsgedanke durch das Konzept der

[1] Vgl. Reinert, 2018, S. 62–83.

O. Michelmann, *DORA und LSI-Banken*, Business, Economics, and Law,
https://doi.org/10.1007/978-3-658-51102-9_2

„doppelten Proportionalität" ergänzt. Gemäß diesem Konzept sind aufsichtsrechtliche Anforderungen an die Größe und die Komplexität eines Instituts sowie an dessen Risikoprofil auszurichten. Dieses Prinzip erlangt insbesondere im Kontext des § 25a KWG und der darauf basierenden Verwaltungsvorschriften, wie den Mindestanforderungen an das Risikomanagement (MaRisk), eine zentrale Bedeutung.[2]

Die praktische Umsetzung des Proportionalitätsprinzips erfolgt auf mehreren regulatorischen Ebenen. Auf EU-Ebene obliegt der EZB im Rahmen des Einheitlichen Aufsichtsmechanismus die direkte Aufsicht über SIs, wobei die Aufsicht über LSIs formal bei den nationalen Aufsichtsbehörden verbleibt. Die EZB koordiniert diesen Teilbereich jedoch über übergeordnete Leitlinien und Methodologien, sodass eine Harmonisierung angestrebt wird. Insbesondere in der Interaktion zwischen europäischer Zentralaufsicht und national geprägten Bankstrukturen manifestieren sich Spannungen. Länder wie Frankreich oder die Niederlande verfügen über hoch konzentrierte Bankenmärkte, während der deutsche Bankensektor durch eine große Zahl kleinerer, lokal verankerter Kreditinstitute geprägt ist, deren Geschäftsmodelle erheblich von SIs abweichen.[3] Diese strukturelle Besonderheit bedingt eine differenzierte Aufsichtspraxis, die in Deutschland durch eine dezidierte Auslegung des Proportionalitätsprinzips im Aufsichtsalltag realisiert wird. Ein zentrales Instrument zur Umsetzung dieses Prinzips stellen die MaRisk dar, in denen das Konzept der doppelten Proportionalität explizit verankert ist. In AT 1 Tz. 2 der MaRisk wird darauf hingewiesen, dass bei der Ausgestaltung der Risikosteuerungs- und -controllingprozesse Art, Umfang, Komplexität und Risikogehalt der Geschäftsaktivitäten eines Instituts zu berücksichtigen sind. In diesem Zusammenhang ist insbesondere auf das neue MaRisk-Rundschreiben aus November des Jahres 2024 hinzuweisen, in dem gezielte Erleichterungen für kleinere, weniger komplexe Institute eingeführt wurden. Zu diesen Erleichterungen zählen beispielsweise die Ableitung der Risikotragfähigkeit, die Granularität interner Prozesse oder die Anforderungen an die Aggregation von Risikodaten.[4] Die vorgenommenen Modifikationen spiegeln nicht nur eine administrative Entlastung wider, sondern manifestieren die regulatorische Anerkennung, dass kleinere Institute ihre Risiken nicht mit dem gleichen instrumentellen Aufwand wie Großbanken steuern können und auch nicht müssen. Auch auf europäischer Ebene zeigt sich in der SREP-Methodik (Supervisory

---

[2] Vgl. Hille, 2018, S. 50–60.

[3] Vgl. Boss et al., 2020, S. 51–70.

[4] Vgl. BaFin, 2024a.

Review and Evaluation Process) eine formale Anwendung von Proportionalität. Die Einstufung der Institute in vier verschiedene Aufsichtskategorien, von systemrelevanten Großbanken bis hin zu kleinen regionalen Instituten, ist mit abgestuften Anforderungen hinsichtlich Intensität, Frequenz und Detaillierungsgrad der Prüfung verbunden.[5] Es ist zu beobachten, dass die empirische Evidenz in zahlreichen Studien und Fachbeiträgen darauf hinweist, dass die tatsächliche Umsetzung dieses differenzierten Ansatzes nicht durchgängig gelingt.[6] Insbesondere im Kontext von IKT-Anforderungen ist eine faktische Gleichbehandlung aller Institute zu beobachten, was zu überproportionalen Belastungen für kleinere Häuser führen kann. Studien betrachteten daher bereits, dass sich die relativen Kosten und die Anforderungen an die personellen Ressourcen bei kleinen Instituten im Vergleich zu großen Häusern signifikant erhöhen. Diese höheren Kosten sind auf die fehlenden Skaleneffekte und spezialisierten Abteilungen bei kleinen Instituten zurückzuführen.[7]

Diese Problematik erlangt insbesondere bei der Betrachtung der digitalen Transformation und der damit einhergehenden Regulierungsinitiativen, insbesondere auch der DORA-Verordnung, Relevanz. In Artikel 4 sieht DORA zwar grundsätzlich eine Anwendung nach Maßgabe des Proportionalitätsprinzips vor, jedoch bleibt die konkrete Operationalisierung dieser Vorgabe unklar.[8] Insbesondere im Bereich der IKT-Risiken und beispielsweise bei Anforderungen an Business Continuity, Incident Reporting oder Drittparteiensteuerung, bestehen signifikante Zweifel, ob der intendierte differenzierende Ansatz tatsächlich realistisch abgebildet werden kann.[9] In Anbetracht der signifikanten Anforderungen an die Standardisierung, der technischen Mindestanforderungen sowie der mitunter komplexen organisatorischen Vorgaben ergibt sich für kleinere Institute die Frage der Umsetzbarkeit dieser Anforderungen, ohne eine Gefährdung des ökonomischen Gleichgewichts des Geschäftsmodells zu riskieren.

Vor diesem Hintergrund lässt sich konstatieren, dass das Prinzip der Proportionalität, sowohl rechtlich als auch ökonomisch, ein zentrales Steuerungskriterium für eine wirksame und faire Bankenregulierung darstellt. In der deutschen Aufsichtspraxis ist dieses Prinzip sowohl in der Theorie als auch in der Praxis verankert, wenngleich es im europäischen Kontext nicht in allen Bereichen

[5] Vgl. Wolberg, 2020, S. 54–67.

[6] Vgl. Joosen/Lehmann, 2019, S. 65–90.

[7] Vgl. Hackethal/Inderst, 2015, S. 105–128.

[8] Vgl. Clausmeier, 2023, S. 79–90.

[9] Vgl. Gorobet, 2024, S. 54–63.

gleichermaßen umgesetzt wird.[10] Insbesondere im Kontext der IKT-bezogenen Anforderungen, die durch DORA eine neue Qualität regulatorischer Tiefe erreichen, kommt der Frage der verhältnismäßigen Anwendung eine kritische Rolle zu. Die nachfolgenden Ausführungen werden sich daher mit der Entstehung und Entwicklung der IKT-bezogenen Aufsichtsanforderungen befassen, um zu untersuchen, inwieweit sich in diesem Teilbereich das Proportionalitätsprinzip konkret wiederfindet oder neue Herausforderungen entstehen.

2.2 Entwicklung der aufsichtlichen IKT-Anforderungen

Die zunehmende Digitalisierung des Bankwesens hat zu einer grundlegenden Veränderung der Anforderungen an regulatorische Steuerungsmechanismen geführt. Was vormals als technischer Randbereich betrachtet wurde, hat sich zu einem eigenständigen, hochregulierten Aufsichtsfeld entwickelt.[11] Die Regulierung von IKT in Banken entwickelte sich dabei weder linear noch zentral gesteuert, sondern vielmehr schrittweise, national unterschiedlich profund und anfangs fragmentiert. Die Einführung von Basel II im Jahr 2004 markierte dabei einen entscheidenden regulatorischen Wendepunkt in der Betrachtung von IKT-Risiken. Mit der Etablierung des operationellen Risikos als dritte eigenständige Risikoart neben Kredit- und Marktrisiken wurde ein Bewusstsein dafür geschaffen, dass IT-bezogene Vorfälle wie Systemausfälle, Cyberangriffe oder Prozessversagen ein in Zukunft relevantes aufsichtsrechtliches Risikoprofil aufweisen können. Die Definition des operationellen Risikos als Verlust infolge unzureichender oder versagender interner Prozesse, Menschen und Systeme oder aufgrund externer Ereignisse umfasste explizit IT-Komponenten und trug dazu bei, deren Management in die institutionelle Risikosteuerung zu integrieren. Nichtsdestotrotz wurde die Regulierung auf konzeptioneller Ebene abstrakt gestaltet, da konkrete Anforderungen an die IT-Governance oder Informationssicherheit nicht formuliert wurden. Für die Implementierung dieser Vorgaben auf nationaler Ebene und damit auch für die Verankerung von IT-Risiken im Aufsichtsalltag waren weitere regulatorische Entwicklungsschritte erforderlich.[12]

In Deutschland fungierten die MaRisk, die im Jahr 2005 in Kraft traten, als zentrales Instrument zur Auslegung und Umsetzung der qualitativen

[10] Vgl. Chiarella, 2025, S. 17–30.

[11] Vgl. Rani et al., 2025, S. 3–26.

[12] Vgl. Pereira, 2018, S. 17–59.

Anforderungen des § 25a KWG. Ihre Entwicklung wurde maßgeblich durch die mit Basel II einhergehende verstärkte Betonung der institutsspezifischen Risikoerfassung initiiert. Während Basel II auf europäischer Ebene in die Kapitaladäquanzrichtlinien (CRD I) integriert wurde, sah das deutsche Aufsichtsrecht die Notwendigkeit, neben den quantitativen Anforderungen auch die qualitativen Anforderungen der „zweiten Säule" systematisch in einer einheitlichen Verwaltungsvorschrift zu verankern. Die MaRisk sollten demnach eine einheitliche und praxisnahe Konkretisierung dessen bieten, was unter einer angemessenen Geschäftsorganisation nach § 25a KWG zu verstehen ist.[13] Obwohl IT-Risiken in der ursprünglichen Fassung lediglich implizit adressiert wurden, etwa im Kontext der technisch-organisatorischen Ausstattung in AT 7.2 oder bei Anforderungen an das Notfallmanagement, wurden sie bereits in einer frühen Phase als signifikanter Bestandteil des bankbetrieblichen Risikosystems anerkannt. In der Prüfungspraxis der Aufsichtsbehörden wurde ein pragmatischer Umgang mit regulatorischen Lücken beobachtet. Da die MaRisk in ihren frühen Fassungen noch keine tiefgreifenden technischen Anforderungen enthielten, wurde bei Feststellungen und Mängeln in IT-Prüfungen häufig auf den IT-Grundschutzkatalog des Bundesamts für Sicherheit in der Informationstechnik (BSI) Bezug genommen. Der BSI-Grundschutz fungierte somit de facto als aufsichtsseitiger Mindeststandard, insbesondere bei kleineren und mittleren Instituten, die über keine ausgeprägten IT-Abteilungen verfügten.[14]

Einen signifikanten Meilenstein in der Weiterentwicklung bildete die Publikation der BAIT im Jahr 2017. Dieser Veröffentlichung war eine zunehmende Erkenntnis in der Aufsichtspraxis vorausgegangen, dass die bestehenden Regelungen der MaRisk, trotz ihrer Prinzipienorientierung, nicht mehr ausreichten, um den gewachsenen und zunehmend komplexeren Anforderungen an die Informationstechnologie-Landschaften von Kreditinstituten gerecht zu werden.[15] Die Informationstechnologie hatte sich von einem unterstützenden Element zu einer zentralen Infrastruktur für nahezu sämtliche bankfachlichen Kernprozesse entwickelt. Mit diesem Regelwerk konkretisierte die BaFin erstmals explizit und eigenständig die Anforderungen an Aufbau und Betrieb von IT-Systemen in Instituten. Die BAIT stellen somit eine verbindliche Auslegung der MaRisk-Anforderungen im Kontext von IT dar und gliedern sich unter anderem in Anforderungen an die IT-Strategie, das Informationssicherheitsmanagement, Berechtigungs- und Benutzerverwaltungen, Auslagerungen sowie das

[13] Vgl. Glaser, 2022a, S. 1–14.

[14] Vgl. Bornemann/Brandes, 2017, S. 357–406.

[15] Vgl. Buchmüller et al., 2019, S. 5–25.

Notfallmanagement. Aufgrund ihrer starken Anbindung an § 25a KWG wurden sie zum zentralen Prüfungsmaßstab in aufsichtlichen IT-Prüfungen nach § 44 KWG. Im Gegensatz zu früheren Regelwerken verfolgten die BAIT dabei einen prinzipienorientierten Ansatz, bei dem das Proportionalitätsprinzip explizit Anwendung findet. Die BAIT betonen, dass Art, Umfang und Komplexität der IT-Anforderungen im Verhältnis zur Größe, Risikosituation und Geschäftsmodell des jeweiligen Instituts stehen müssen. Die Implementierung dieser Maßnahme führte insbesondere für kleinere Häuser zu einer handhabbaren Umsetzung ihrer IT-Governance und Sicherheitsstrukturen.[16]

Obwohl die BAIT auf nationaler Ebene bereits eine systematische Steuerung der IT-Aufsicht ermöglichte, blieb es auf europäischer Ebene zunächst bei fragmentierten Ansätzen. Im Jahr 2019 publizierten die Europäischen Aufsichtsbehörden eine Reihe von Leitlinien für das Management von IKT-Risiken und Cybersecurity. Diese Leitlinien umfassen unter anderem Aspekte wie Outsourcing, Incident Reporting und IKT-Risikomanagement. Es ist jedoch festzuhalten, dass diese Vorgaben rechtlich nicht bindend und dem „Soft Law" zuzuordnen sind. Ihre Implementierung erfolgte in den einzelnen europäischen Staaten mit unterschiedlicher Intensität, was einer europäischen Harmonisierung der IT-Aufsicht im Wege stand. Trotz vielversprechender Ansätze blieb die Wirkung in der Praxis somit begrenzt.[17]

Parallel dazu hat sich durch die fortschreitende Digitalisierung und eine steigende Bedrohungslage, etwa durch gezielte Cyberangriffe oder massive Systemstörungen, der regulatorische Druck erhöht. IT wurde zunehmend als systemkritische Infrastruktur erkannt, deren Ausfall das Funktionieren des Bankensystems insgesamt gefährden kann. Die verstärkte Nutzung von Cloud-Diensten, Drittanbieterstrukturen und Plattformlösungen hat neue Risiken hervorgebracht, die eine einheitliche regulatorische Antwort erfordern.[18] Nationale Behörden wie die BaFin und die Deutsche Bundesbank fokussieren sich daher zunehmend auf Aspekte wie digitale Resilienz und IKT-Resilienzprüfungen. Diese Entwicklung mündete schrittweise in einem politischen Konsens, dass es eines sektorübergreifenden, europäischen Regulierungsrahmens für IKT-bezogene Anforderungen bedarf. Dieser Anspruch kulminierte schließlich in der Verabschiedung des Digital Operational Resilience Act (DORA) im Jahr 2022. DORA bildet den ersten vollharmonisierten europäischen Rechtsrahmen für die digitale Betriebsstabilität des Finanzsektors. Die Verordnung führt Anforderungen an das

[16] Vgl. Glaser, 2022b, S. 299–317.

[17] Vgl. Kourmpetis, 2022, S. 211–226.

[18] Vgl. Kudinova et al., 2025, S. 466–483.

IKT-Risikomanagement, das Vorfallmanagement, die Überwachung von Drittanbietern, Penetrationstests sowie einheitliche Meldepflichten ein. Dabei gilt DORA sektorenübergreifend, also für Banken, Versicherer, Wertpapierfirmen und viele weitere Marktteilnehmer. Ziel ist es, die bislang fragmentierten Regelwerke zusammenzuführen, die Aufsicht zu vereinheitlichen und ein durchgängig hohes Sicherheitsniveau im gesamten europäischen Finanzsystem zu gewährleisten. Für deutsche Institute bedeutet DORA eine weitreichende Umstellung. Obwohl eine hohe Anzahl an Inhalten mit den bestehenden Vorgaben aus MaRisk und BAIT funktional kompatibel ist, resultieren aus DORA zusätzliche, zum Teil erheblich detailliertere Anforderungen. Diese manifestieren sich insbesondere in den Bereichen der Informationspflichten, der technischen Mindeststandards und der Kontrollarchitektur gegenüber IKT-Drittanbietern.[19]

2.3 DORA - Inhalte und Themenschwerpunkte

Im Zuge der fortschreitenden Digitalisierung und zunehmenden Vernetzung des Finanzsektors sind Finanzmarktakteure heute mehr denn je digitalen Bedrohungen ausgesetzt. Diese Bedrohungen gefährden nicht nur die operationale Kontinuität einzelner Unternehmen, sondern bergen potenziell auch systemische Risiken für die gesamte Finanzmarktinfrastruktur. DORA stellt in diesem Kontext eine bedeutende Reaktion der Europäischen Union auf diese Herausforderungen dar. Gemäß der Intention der Verordnung wird ein einheitliches, sektorübergreifendes Regelwerk angestrebt, dessen Ziel die Gewährleistung der digitalen operationalen Resilienz im europäischen Finanzsektor ist. Ein weiteres Ziel besteht in der Überwindung bestehender regulatorischer Fragmentierungen.[20] DORA verfolgt dabei einen umfassenden Ansatz, der sich deutlich von früheren Maßnahmen wie den EBA-Guidelines oder der NIS2-Richtlinie abgrenzt. Obgleich NIS2 einen sektorübergreifenden Schutz kritischer Infrastrukturen anstrebt, adressiert DORA gezielt die operationale Stabilität und Widerstandsfähigkeit des Finanzsystems unter besonderer Berücksichtigung von IKT-Risiken. Die Regulierung erkennt explizit die systemische Relevanz digitaler Störungen an und verpflichtet Institute zur proaktiven Bewältigung dieser Risiken, bevor sie sich zu ernsthaften Bedrohungen für die Marktstabilität und den Verbraucherschutz entwickeln können.[21]

[19] Vgl. Ananieva/Zhytar, 2025, S. 20–34.

[20] Vgl. Giannino et al., 2023, S. 32–42.

[21] Vgl. Resano, 2022, S. 57–82.

Der Anwendungsbereich von DORA ist dabei bewusst weit gefasst. Neben klassischen Kreditinstituten und Finanzinstituten unterliegen auch Versicherungen, Wertpapierfirmen, Zahlungsdienstleister, Krypto-Dienstleister sowie Verwahr- und Abwicklungsstellen der neuen Verordnung. Auch sogenannte kritische IKT-Drittanbieter wie Cloud-Services oder Softwareanbieter werden erstmals direkt in die aufsichtsrechtliche Kontrolle eingebunden. DORA berücksichtigt die Tatsache, dass zahlreiche Institute bereits seit geraumer Zeit essenzielle Funktionen an externe Dienstleister ausgelagert haben. Diese Abhängigkeit von externen Dienstleistern birgt das Potenzial für erhebliche Kettenreaktionen, die durch Störungen der Dienstleister ausgelöst werden können.[22] Inhaltlich fokussiert sich DORA auf fünf zentrale Themenfelder, die im weiteren Verlauf dieser Arbeit vertiefend betrachtet werden: das IKT-Risikomanagement, das Management und die Meldung IKT-bezogener Vorfälle, das Testen der digitalen Resilienz, der Umgang mit IKT-Drittparteien sowie der sektorübergreifende Informationsaustausch. Diese Themen bilden in ihrer Gesamtheit ein kohärentes Rahmenwerk, das sowohl technische als auch organisatorische Aspekte digitaler Resilienz adressiert. Es wird von einer konsequenten Überwachung und Durchsetzung auf EU- und nationaler Ebene flankiert.[23]

In Deutschland nimmt die BaFin eine zentrale Rolle bei der Implementierung von DORA ein. Ihre Zuständigkeit erstreckt sich nicht nur auf die Auslegung und Anwendung der Vorschriften, sondern auch auf die Harmonisierung mit bestehenden nationalen Regelwerken wie der BAIT oder MaRisk. In dieser Funktion agiert sie als Koordinierungsstelle zwischen den europäischen Vorgaben und der institutionellen Praxis und leistet somit einen wesentlichen Beitrag zur regulatorischen Kohärenz.[24] Darüber hinaus verkörpert DORA einen grundlegenden Wandel in der Art und Weise, wie regulatorische Anforderungen an digitale Resilienz formuliert werden. Die Verordnung übertrifft traditionelle Ansätze der Geschäftsfortführung und verlangt von den betroffenen Akteuren ein umfassendes Verständnis und Management ihrer digitalen Angriffsflächen. In der Konsequenz leistet DORA nicht nur einen Beitrag zur Stabilisierung der Finanzmärkte, sondern fungiert auch als strategisches Instrument zur Stärkung digitaler Souveränität innerhalb der Europäischen Union.[25]

---

[22] Vgl. Kun, 2024, S. 1–15.

[23] Vgl. Mulligan/Pierides, 2024, S. 102–118.

[24] Vgl. Alugoju, 2024, S. 911–921.

[25] Vgl. Camacho et al., 2024, S. 2226–2249.

2.3.1 IKT-Risikomanagement

Das IKT-Risikomanagement konstituiert das Fundament der regulatorischen Anforderungen der DORA-Verordnung und ist von entscheidender Relevanz für die digitale operationale Resilienz von Finanzunternehmen. Es adressiert die Fähigkeit von Organisationen, auf digitale Bedrohungen zu reagieren, diese zu überwachen, zu begrenzen und sich von ihnen zu erholen. Die Europäische Union hat mit DORA ein einheitliches Regelwerk geschaffen, das alle Finanzmarktteilnehmer dazu verpflichtet, ein robustes, systematisches und dokumentiertes Rahmenwerk für den Umgang mit Informations- und Kommunikationstechnologie-Risiken zu etablieren.[26]

Die Regulierung basiert auf einem umfassenden Verständnis von IKT-Risiken, welche nicht nur technische, sondern auch organisatorische und strategische Aspekte umfassen. Gemäß der gängigen Definition lassen sich IKT-Risiken in verschiedene Risikotypen untergliedern. Dabei sind Verfügbarkeitsrisiken resultierend aus Ausfällen oder Störungen ebenso zu berücksichtigen wie Sicherheitsrisiken, die etwa durch Angriffe auf Vertraulichkeit oder Integrität von Datensätzen entstehen. Des Weiteren sind Änderungsrisiken, die durch mangelhafte Change-Prozesse bedingt sind, zu bedenken. Nicht zu vergessen sind die Risiken bedingt durch Datenintegritätsprobleme oder Datenverlust sowie Auslagerungsrisiken durch Drittparteien. Diese Typologie entspricht sowohl dem Rahmenwerk der EBA als auch den in DORA verankerten operativen Risikodimensionen.[27] Das Ziel besteht darin, potenzielle Risiken frühzeitig zu identifizieren, ihre Eintrittswahrscheinlichkeit und potenzielle Auswirkungen zu bewerten und auf dieser Grundlage angemessene Kontroll- und Minderungsmaßnahmen zu definieren. Hierbei verpflichtet DORA Finanzunternehmen, ein eigenständiges IKT-Risikomanagement-Rahmenwerk zu etablieren, das formell dokumentiert, regelmäßig aktualisiert und in die übergeordnete Governance-Struktur eingebettet ist. Dieser Framework ist sowohl strategisch als auch operativ zu verankern. Dabei ist die unternehmensspezifische Risikotoleranz zu berücksichtigen und Methoden zur systematischen Risikoanalyse und -bewertung bereitzustellen. Hierzu zählt die Festlegung von Schwellenwerten für akzeptable Restrisiken ebenso wie die Definition von Eskalationsprozessen und Verantwortlichkeiten. Da IKT-Risiken dynamisch sind und sich parallel zur Geschwindigkeit technologischer Innovationen entwickeln, wird seitens DORA ebenfalls ein kontinuierliches Monitoring dieser Risiken gefordert, welches sowohl interne als

[26] Vgl. FMA, 2025, S. 1–4.

[27] Vgl. Begozzi, 2023, S. 27–36.

auch externe Bedrohungsszenarien zu berücksichtigen hat, um die Aktualität und Wirksamkeit der Kontrollmechanismen sicherzustellen.[28] Die integrative Perspektive von DORA ist in diesem Kontext von besonderer Relevanz, da das IKT-Risikomanagement nicht isoliert, sondern als integraler Bestandteil eines umfassenden Steuerungs- und Kontrollsystems verstanden wird. Die Verordnung fordert explizit die Integration des Rahmenwerks in bestehende Prozesse zur Kapital- und Liquiditätssteuerung, wie ICAAP und ILAAP. So wird eine Verzahnung mit der ökonomischen Risikotragfähigkeit und der strategischen Planung sichergestellt.[29] Die Governance-Funktion, insbesondere die Rolle der Geschäftsleitung und Kontrollorgane, nimmt dabei eine zentrale Stellung ein. Die genannte Instanz ist dafür verantwortlich, IKT-Risiken nicht nur formal zu genehmigen, sondern diese auch aktiv zu steuern, zu überwachen und in die Gesamtstrategie des Unternehmens zu integrieren. Neben technischen Anforderungen verlangt DORA daher auch ein organisationales Umdenken hinsichtlich der Bedeutung von IT-Sicherheit und digitaler Resilienz.[30]

Im Januar 2024 wurden seitens der Europäischen Aufsichtsbehörden ergänzend zur Verordnung technische Regulierungsstandards (RTS) publiziert, welche einzelne Anforderungen konkretisieren. Die RTS lassen sich in mehrere Abschnitte untergliedern, darunter Vorgaben zu Sicherheitsrichtlinien, Zugriffskontrollen, Netzwerksicherheit, Verschlüsselung, Logging, Change Management sowie zum Umgang mit Drittanbietern. In diesem Kontext erweist sich ein technologie-neutraler Ansatz als essenziell. Die festgelegten Standards umfassen keine spezifischen Tools oder Plattformen, sondern postulieren Prinzipien, welche auf gegenwärtigen sowie zukünftigen Technologien anwendbar sind. Zudem verpflichten die RTS dazu, Risiken nicht nur technisch zu behandeln, sondern auch organisatorisch abzusichern. Dies kann etwa durch Zugriffsbeschränkungen, Schulungsmaßnahmen, Awareness-Programme oder strukturierte Notfallpläne erfolgen.[31] Gemäß der vorliegenden wissenschaftlichen Literatur weist ein effizientes Informationssicherheits-Risikomanagement neben der Compliance-Perspektive eine präventive Funktion hinsichtlich internen Fehlverhaltens und Betrugs auf. Durch klare Prozesse, umfassende Dokumentation, Zugriffsbeschränkungen und systematisches Monitoring können Manipulationen, Missbrauch oder Datenexfiltration erschwert oder frühzeitig erkannt werden. Empirische Studien belegen, dass insbesondere in komplexen Organisationen die

[28] Vgl. EBA, 2024, S. 17.

[29] Vgl. Igl, 2025, S. 1–7.

[30] Vgl. Scheidl, 2025, S. 1–4.

[31] EBA, 2024, S. 19 f.

Verankerung von Sicherheitsbewusstsein in der Unternehmenskultur sowie die Kombination technischer und prozessualer Schutzmechanismen entscheidend für eine nachhaltige Resilienz sind.[32] Gleichzeitig manifestieren sich in der praktischen Umsetzung eine Vielzahl von Herausforderungen. Die Quantifizierung von Risiken im Bereich der IKT, insbesondere nicht-finanzieller Schäden, erweist sich als ein komplexes Unterfangen. Eine Vielzahl von Organisationen verfügt noch nicht über geeignete Messinstrumente oder das notwendige Know-how, um digitale Risiken systematisch zu bewerten. Zudem ist die hohe Dynamik externer Bedrohungen zu berücksichtigen, die mit der zunehmenden Nutzung von Cloud-Diensten und dem Outsourcing kritischer Funktionen neue Angriffsflächen schafft. In diesem Kontext fordert DORA eine kontinuierliche Weiterentwicklung der Schutzmechanismen sowie eine aktive Auseinandersetzung mit der eigenen digitalen Angriffsfläche.

2.3.2 IKT-bezogene Vorfälle

Ein zentraler Baustein zur Sicherstellung digitaler Resilienz im Rahmen der DORA-Verordnung ist demnach das strukturierte Management von IKT-bezogenen Vorfällen. In Anbetracht der wachsenden Angriffsfläche digitalisierter Geschäftsprozesse und der zunehmenden Abhängigkeit von IKT-Systemen ist der professionelle Umgang mit ungeplanten Ereignissen, welche die Sicherheit, Verfügbarkeit oder Integrität dieser Systeme beeinträchtigen, eine regulatorisch verankerte Notwendigkeit. Gemäß Artikel 17 von DORA sind Finanzunternehmen dazu verpflichtet, Prozesse zur Erkennung, Klassifizierung, Behandlung und Meldung von IKT-bezogenen Vorfällen zu implementieren. Das Ziel besteht darin, Störungen mit hoher Geschwindigkeit zu identifizieren, deren Auswirkungen zu minimieren und regulatorische Meldepflichten sowie interne Eskalations- und Wiederherstellungsprozesse mit Präzision umzusetzen.[33] Die Verordnung differenziert dabei zwischen allgemeinen IKT-Vorfällen, schwerwiegenden IKT-bezogenen Vorfällen sowie erheblichen Cyberbedrohungen. Die Einstufung eines Vorfalls als „schwerwiegend“ ist dabei an eine Vielzahl definierter Kriterien geknüpft, die in einem technischen Regulierungsstandard konkretisiert wurden. Zu den relevanten Faktoren zählen dabei unter anderem die Anzahl betroffener Kunden oder Geschäftseinheiten, die geografische Ausbreitung, wirtschaftliche

[32] Mwai, 2025, S. 36–64.

[33] Vgl. Europäische Kommission, 2024a, S. 2–7.

Auswirkungen, Ausfallzeiten, Datenverluste sowie Reputationsrisiken.[34] Diese Faktoren sind für die Einstufung in priorisierte Meldekategorien von zentraler Bedeutung, um eine angemessene Reaktionsintensität seitens des Unternehmens wie auch der Behörden sicherzustellen.

Um den regulatorischen Anforderungen gerecht zu werden, sind Finanzunternehmen angehalten, umfassende Prozesse zur frühzeitigen Erkennung und Behandlung von IKT-Vorfällen zu etablieren. Hierzu zählt die Implementierung geeigneter Monitoring- und Logging-Systeme sowie von Frühwarnindikatoren und automatisierten Benachrichtigungsmechanismen, die auf anormale Systemaktivitäten reagieren. Die lückenlose Erfassung dieser Vorfälle, ihrer Ursachen, implementierter Gegenmaßnahmen und Wiederherstellungsaktivitäten ist nicht nur aus Gründen der Compliance von entscheidender Bedeutung, sondern stellt auch die Grundlage für interne Verbesserungsschleifen und strategische Resilienzplanung dar.[35] Die Vorgaben umfassen zudem eine kontinuierliche Nachverfolgung und systematische Ursachenanalyse, um systemische Schwächen oder wiederkehrende Muster frühzeitig zu identifizieren. Ein besonders bedeutsamer Bestandteil der Regulierung betrifft dabei die Meldepflichten schwerwiegender IKT-bezogener Vorfälle, wie sie in Artikel 19 der DORA-Verordnung geregelt und durch die technischen Standards konkretisiert werden. Finanzunternehmen sind dazu angehalten, schwerwiegende Vorfälle innerhalb von vier Stunden nach der Feststellung initial zu melden. Dabei sind strukturierte Erst-, Zwischen- und Abschlussberichte zu übermitteln. Die Meldepflichten dienen nicht nur der Aufsicht, sondern ermöglichen auch aggregierte Risikoanalysen auf europäischer Ebene sowie ein effektiveres Bedrohungsmanagement durch die zuständigen Behörden. Die zu übermittelnden Inhalte umfassen unter anderem eine detaillierte Beschreibung des Vorfalls, eine Aufschlüsselung der betroffenen Systeme, eine Analyse der Kundenkreise, eine Erfassung der Zeitverläufe, eine Einstufung der Schweregrade sowie eine Aufzählung der eingeleiteten Maßnahmen zur Schadensbegrenzung und Wiederherstellung.[36] Zur Optimierung der Vergleichbarkeit und Verarbeitung der eingehenden Meldungen wurden einheitliche Formate, Codes und Meldekategorien definiert. In Anbetracht bestehender Berichtspflichten unter NIS2 oder der PSD2-Richtlinie stellt die Harmonisierung dieser Meldekanäle eine besondere Herausforderung dar. Gemäß Artikel 21 verfolgt DORA das Ziel der Schaffung einer zentralisierten europäischen Meldeplattform. Das Ziel besteht darin, die operative Belastung der Unternehmen zu

[34] Vgl. Sowa, 2025, S. 48–54.

[35] Vgl. Benroider et al., 2023, S. 570–585.

[36] Vgl. Fernandes/Ignaim, 2025, S. 701–724.

verringern und eine effizientere Datenauswertung zu ermöglichen.[37] Die Erfüllung der DORA-Anforderungen im Bereich Vorfallmanagement ist dabei mit zahlreichen praktischen Herausforderungen verbunden. Dazu zählen insbesondere die technisch-organisatorische Fähigkeit, innerhalb eng gesteckter Zeitfenster valide Informationen bereitzustellen, das parallele Management komplexer Vorfälle sowie die koordinierte Kommunikation mit verschiedenen internen und externen Stakeholdern, insbesondere bei Vorfällen mit Drittparteienbezug. Auch die präzise Bewertung von Auswirkungen, etwa hinsichtlich finanzieller Verluste oder Reputationsschäden, stellt für viele Institute eine methodische Hürde dar. Die von der EBA veröffentlichten Guidelines zur Schätzung von Kosten und Verlusten bieten hier methodische Unterstützung, etwa zur Abgrenzung von direkten und indirekten Vorfallfolgen.[38]

Gleichzeitig eröffnen die standardisierten Anforderungen auch Potenziale zur Effizienzsteigerung. Unternehmen, die in der Lage sind, Vorfallmanagementprozesse zu digitalisieren, automatisieren oder durch standardisierte Tools zu unterstützen, profitieren von höherer Transparenz, geringerer Reaktionszeit und einem gesteigerten Vertrauen von Kunden und Aufsichtsbehörden. In der wissenschaftlichen Diskussion wird zudem auf den Reputationswert proaktiver Vorfallkommunikation hingewiesen. So kann eine offene, strukturierte und glaubwürdige Reaktion auf Vorfälle das Vertrauen in das betroffene Unternehmen sogar stärken.[39] Die Ausgestaltung und Umsetzung dieser Anforderungen beeinflusst somit maßgeblich die Fähigkeit von Organisationen, mit digitalen Störungen umzugehen und diese strukturiert zu bewältigen.

2.3.3 Testen der digitalen Resilienz

Ein zentraler Aspekt zur Stärkung der digitalen operationellen Resilienz gemäß der DORA-Verordnung ist das strukturierte Testen der digitalen Widerstandsfähigkeit von Finanzunternehmen. Artikel 24 bis 27 der Verordnung formulieren die Verpflichtung zur Durchführung geeigneter Tests, um die Funktionsfähigkeit von IKT auch unter Stressbedingungen sicherzustellen oder eine zügige Wiederherstellung zu gewährleisten. Der Fokus dieser Tests liegt nicht ausschließlich auf der Identifizierung technischer Schwachstellen, sondern erstreckt sich auch auf die Evaluierung organisatorischer und prozessualer Reaktionsmechanismen. Der

[37] Vgl. Frantz et al., 2024, S. 126.

[38] Vgl. Arnaoudova/Nisheva-Pavlova, 2023, S. 25–36.

[39] Vgl. Boggini, 2024, S. 1–8.

regulatorische Fokus liegt dabei auf der Etablierung eines kontinuierlichen, risikobasierten Testprogramms, das an die individuelle Größe, Risikolage und Komplexität des jeweiligen Unternehmens angepasst ist.[40] Das Testprogramm stellt einen integralen Bestandteil des übergreifenden IKT-Risikomanagementrahmens dar und dient der praxisnahen Überprüfung der Wirksamkeit von Präventions-, Reaktions- und Wiederherstellungsmaßnahmen im Falle unerwarteter technischer Störungen oder Cyberangriffe. In diesem Kontext ist eine Diversifizierung der Testarten festzustellen, zu denen unter anderem klassische Schwachstellenanalysen, Code-Reviews, technische End-to-End-Prüfungen sowie kontrollierte Penetrationstests zählen. Ein besonderes Augenmerk liegt auf der Fähigkeit der Institute, relevante Systeme und Prozesse realitätsnah zu simulieren. Ziel dieser Maßnahme ist es, ein möglichst belastbares Bild der operationellen Stabilität zu erhalten.[41]

Von besonderer regulatorischer Tragweite sind die sogenannten Threat-Led Penetration Tests (TLPT), die auf Art. 26 DORA basieren und insbesondere für größere Institute mit komplexer Systemarchitektur verpflichtend sind. Die Tests, deren Methodik sich eng an das europäische TIBER-EU-Framework anlehnt, sind mindestens in dreijährigem Abstand unter der Aufsicht der zuständigen Behörden durchzuführen. Zu diesem Zweck werden speziell autorisierte externe Anbieter eingesetzt, die versuchen, in die kritischen Systeme eines Unternehmens einzudringen. Dies erfolgt auf Grundlage realer Bedrohungsszenarien. Das Ziel besteht darin, realitätsnahe Angriffsvektoren zu identifizieren und Reaktionsprozesse unter Echtzeitbedingungen zu validieren. Allerdings stellt die verpflichtende Durchführung solcher TLPTs einen nicht unerheblichen organisatorischen und finanziellen Aufwand dar. Aus diesem Grund sieht DORA explizit vor, dass LSIs, insbesondere solche, die unterhalb der Schwelle von Kleinstunternehmen liegen oder über einen vereinfachten IKT-Risikomanagementrahmen verfügen, von dieser Pflicht ausgenommen sind. Dies veranschaulicht den ersten Ausdruck des Proportionalitätsprinzips innerhalb der Verordnung. Gemäß dieses Prinzips werden, je nach Risikoexposition, unterschiedliche regulatorische Intensitäten vorgesehen.[42]

Neben der prinzipiellen Einführung dieser Testverpflichtungen ergeben sich bei der konkreten Umsetzung in der Praxis einige Herausforderungen. Zu den genannten Herausforderungen zählen etwa fehlende interne Ressourcen zur Testdurchführung, unklare Zuständigkeiten in der institutionellen Governance oder

[40] Vgl. EU, 2025, Art. 24.

[41] Vgl. AFM, 2024, S. 1–8.

[42] Vgl. Barg/Stargardt, 2024, S. 1–5.

Schwierigkeiten bei der Beschaffung geeigneter Dienstleister mit entsprechender Zertifizierung und regulatorischer Zulassung. Auch die methodische Heterogenität der verfügbaren Testansätze sowie die oft geringe Reife integrierter Testautomatisierung erschweren eine systematische Umsetzung. Insbesondere für Institute, die über komplexe IT-Landschaften und eine Vielzahl von Schnittstellen zu Drittanbietern verfügen, stellt die Koordination umfassender Testszenarien ein signifikantes organisatorisches Problem dar.[43] Gleichzeitig zeigen sich durch die Regulierung auch Erleichterungspotenziale. Der formale Aufbau eines strukturierten Testprogramms bietet die Möglichkeit, bisher fragmentierte Testaktivitäten in ein ganzheitliches, standardisiertes Framework zu überführen. Langfristig gesehen kann dies zu einer Steigerung der Effizienz und Konsistenz der Resilienzbewertung führen. Auch die Implementierung von Maturity-Modellen zur Testplanung und -evaluation, wie sie in aktuellen wissenschaftlichen Arbeiten erörtert werden, ermöglicht eine optimierte Vergleichbarkeit und Steuerung des Reifegrads innerhalb der Institutionen.[44] Darüber hinaus wird deutlich, dass Resilienztests nicht nur der formalen Erfüllung regulatorischer Anforderungen dienen, sondern als strategisches Lerninstrument verstanden werden sollten. Dies ermöglicht sowohl das Aufdecken technischer Schwächen als auch organisatorischer Blindspots. In der Konsequenz kann dies die Resilienzfähigkeit eines Unternehmens langfristig stärken.[45]

2.3.4 IKT-Drittparteien

Die zunehmende Abhängigkeit des Finanzsektors von externen Informations- und Kommunikationstechnologieanbietern hat den Umgang mit IKT-Drittparteien zu einem der zentralen Regelungsbereiche der DORA-Verordnung gemacht. Die vorliegende Untersuchung befasst sich mit den Auswirkungen der Digitalisierung auf die Risikolage von Unternehmen. Im Fokus der Analyse steht die signifikante Zunahme systemischer Risiken, die durch Störungen in der Lieferkette bedingt sind. Diese Risiken sind insbesondere auf die Auslagerung essenzieller Geschäftsprozesse, die Zentralisierung von IT-Infrastrukturen sowie die zunehmende Abhängigkeit von wenigen dominanten Cloud- oder Plattformanbietern zurückzuführen. In Anbetracht dessen verfolgt DORA das Ziel, ein

---

[43] Vgl. Blix et al., 2025, S. 269–288.

[44] Vgl. Grima/Marano, 2021, S. 1–8.

[45] Vgl. Milkau, 2021, S. 408–425.

einheitliches, verbindliches und risikobasiertes Rahmenwerk zur Steuerung, Kontrolle und Dokumentation von IKT-Drittparteienbeziehungen zu schaffen. Gemäß dieser Intention sollen sämtliche Finanzmarktteilnehmer verpflichtet werden, ihre Abhängigkeiten transparent zu machen, ihre Risikopolitik anzupassen und ihre Verträge neu zu strukturieren.[46] Die Anforderungen an Finanzunternehmen betreffen dabei sowohl organisatorische als auch vertragliche Aspekte der Drittparteiensteuerung. Gemäß Artikel 28 bis 30 der Verordnung sind alle Institute dazu verpflichtet, eine IKT-Drittparteienstrategie zu entwickeln, welche die Auswahl, Bewertung, Überwachung und gegebenenfalls Beendigung von Drittanbieterbeziehungen systematisch regelt. Die vorliegende Strategie ist in das übergreifende IKT-Risikomanagement zu integrieren. Die Verantwortung für die Verabschiedung und Überwachung obliegt der Geschäftsleitung. Ein besonderes Augenmerk gilt der Risikodiversifikation, der Definition kritischer Funktionen und der Etablierung von Exit-Strategien für den Fall des Wegfalls einzelner Anbieter.[47] DORA bedient sich somit nicht ausschließlich technischer Sicherheitsaspekte, sondern bekräftigt zudem explizit die Governance-Verantwortung der Institute.

Ein zentrales Element dieser Regulierung stellt das sogenannte Informationsregister dar, dessen Führung gemäß Artikel 28 Abs. 9 DORA verpflichtend ist. Es ist von essentieller Bedeutung, dass sämtliche IKT-Dienstleistungsverträge erfasst werden, unabhängig davon, ob es sich um Auslagerungen, Unterstützungsleistungen oder Nebenverträge handelt. Die technische Ausgestaltung wurde in einem ITS präzisiert, der insgesamt 15 miteinander verknüpfte Tabellenformate mit etwa 100 Attributen vorsieht.[48] Neben den Vertragsparteien und den Leistungsbeschreibungen sind dort auch Angaben zu Unteraufträgen, Serviceketten, Kritikalitätseinstufungen und Fristen zu machen. Ein weiterer Fokus liegt auf der revisionssicheren Historisierung von Vertragsdaten über einen Zeitraum von bis zu fünf Jahren nach Vertragsbeendigung. Viele Institute sehen sich dabei mit praktischen Herausforderungen konfrontiert, sowohl in Bezug auf die Datenverfügbarkeit bei Anbietern als auch in Bezug auf die interne Tool- und Prozesslandschaft zur Pflege solcher Register.[49] Auch die Vertragsgestaltung selbst wird durch DORA erheblich beeinflusst. Gemäß der Verordnung sind vertragliche Vereinbarungen mit IKT-Dienstleistern konkrete Regelungen zu

[46] Vgl. Scott, 2021, S. 1–24.
[47] Vgl. Avsuvarova, 2023, S. 1–7.
[48] Vgl. Wendt, 2024, S. 1–4.
[49] Vgl. Riaz/Younas, 2024, S. 23–33.

Sicherheitsanforderungen, Auditrechten, Vorfallmeldungen, Service Level Agreements, Exit-Szenarien sowie zur Weitervergabe von Leistungen zu enthalten. Die entsprechenden Mindestanforderungen wurden in einem separaten technischen Regulierungsstandard konkretisiert, der u. a. auch die Einbindung von Subdienstleistern betrifft.[50] In diesem Zusammenhang ist es von besonderer Relevanz, dass DORA keine Differenzierung mehr zwischen Auslagerungen und sonstigen Dienstleistungsverhältnissen vorsieht. Die Pflicht zur vertraglichen Absicherung gilt demnach grundsätzlich für alle IKT-Leistungen, unabhängig von ihrer rechtlichen Qualifikation. Dies resultiert in einer signifikanten Erweiterung des Geltungsbereichs der Compliance-Vorgaben, wodurch eine Vielzahl von Verträgen, die bislang nicht als aufsichtsrechtlich relevant erachtet wurden, nun als solche eingestuft werden.

Für besonders kritische IKT-Dienstleister, also jene, deren Ausfall oder Beeinträchtigung zu systemischen Risiken führen kann, sieht DORA darüber hinaus eine direkte Aufsicht durch die Europäischen Aufsichtsbehörden vor, geregelt in Artikel 31 ff. Die sogenannte Oversight-Struktur der EU erlaubt es, dass gezielt einzelne Drittparteien benannt werden, die dann einem eigenen Monitoring- und Interventionsregime unterliegen. In der Praxis dürfte diese Maßnahme allerdings nur wenige global tätige Anbieter betreffen. Für LSIs, auf die sich diese Arbeit primär konzentriert, entfalten diese spezifischen Regeln daher nur eine geringe direkte Wirkung, zeigen aber exemplarisch, in welche Richtung sich die europäische Regulierung auch in Bezug auf das Lieferkettenmanagement bewegt.[51] Die praktische Umsetzung ist mit weiteren Herausforderungen verbunden. Dazu zählen der erhöhte Aufwand für Vertragsprüfung und -anpassung, die mangelnde Standardisierung der Datenformate, die unzureichende Kooperationsbereitschaft mancher Anbieter sowie die Notwendigkeit, neue digitale Tools zur Registerführung, Dokumentation und Überwachung zu implementieren. Eine Vielzahl von Instituten, insbesondere aus dem LSI-Bereich, sieht sich gezwungen, bestehende Prozesse vollständig neu zu konzipieren und eine umfassendere Zentralisierung der Dienstleistersteuerung vorzunehmen.[52] Der Aufbau von automatisierten Governance-Lösungen, wie sie etwa über CloudGate oder vergleichbare Plattformen möglich sind, erscheint dabei zunehmend als pragmatische Lösung. Ein wesentlicher Aspekt hierbei ist, dass die Komplexität der Anforderungen eine rein manuelle Bearbeitung kaum noch ermöglicht.

[50] Vgl. Europäische Kommission, 2024b, S. 5–8.

[51] Vgl. Busch, 2024, S. 3–23.

[52] Vgl. Aben/Etti, 2023, S. 67–84.

Gleichzeitig eröffnet DORA im Bereich des Drittparteienmanagements klare Chancen: Die Verpflichtung zu zentralen Registern, standardisierten Vertragsklauseln und einer expliziten Verankerung von Exit-Strategien ermöglicht es Instituten, ihre Abhängigkeiten systematisch zu analysieren und langfristig zu reduzieren. In einem Umfeld, das von zunehmenden Konzentrationsrisiken bei Hyperscalern wie Microsoft oder Google gekennzeichnet ist, kann dies zu einem strategischen Vorteil werden.[53]

2.3.5 Informationsaustausch

Der systematische Austausch von Informationen über Cyberbedrohungen stellt einen weiteren integralen Bestandteil des regulatorischen Rahmens zur digitalen operationalen Resilienz gemäß der DORA-Verordnung dar. Gemäß Artikel 45 etabliert DORA erstmalig einen unionsweit einheitlichen Rechtsrahmen, der freiwillige Informationsaustauschinitiativen unter Finanzunternehmen gezielt fördert, um kollektive Verteidigungsfähigkeiten gegenüber digitalen Bedrohungen zu stärken. In einem zunehmend vernetzten und von Cyberrisiken geprägten Finanzökosystem gewinnt diese Form der Zusammenarbeit besondere Bedeutung, da einzelnen Instituten häufig nicht die erforderlichen Kapazitäten zur eigenständigen Erkennung und effektiven Abwehr von Bedrohungen zur Verfügung stehen.[54]

Gemäß Artikel 45 Absatz 1 DORA ist es Finanzunternehmen möglich, auf freiwilliger Basis Informationen und Erkenntnisse über potenzielle oder eingetretene Cyberbedrohungen auszutauschen. Das Ziel dieses Austauschs besteht in der Verbesserung des Bedrohungsbewusstseins, der Verkürzung von Reaktionszeiten und der Stärkung der kollektiven Resilienz. Hierzu zählen insbesondere sogenannte Cyber Threat Intelligence-Daten (CTI), wie etwa Indikatoren für Kompromittierungen (IoCs), Angriffsvektoren, Taktiken und Methoden von Angreifern sowie konkrete Hinweise auf Schwachstellen, Sicherheitslücken und geeignete Abwehrmaßnahmen.[55] Der Austausch darf jedoch ausschließlich in sogenannten vertrauenswürdigen Gemeinschaften erfolgen, die klare Governance-Strukturen, Verhaltensregeln und Maßnahmen zum Schutz von Geschäftsgeheimnissen, personenbezogenen Daten sowie zur Einhaltung des Wettbewerbsrechts vorsehen

[53] Vgl. Duggan, 2024, S. 344–350.

[54] Vgl. Schlenker/Waschbusch, 2024, S. 213–236.

[55] Vgl. Pier-Giorgi, 2024, S. 1–9.

müssen. Zudem regelt DORA, dass dieser Austausch nicht auf den rein informellen Transfer von Daten beschränkt bleibt, sondern auch operative Maßnahmen umfassen kann. Gemäß Artikel 45 Absatz 1 können gemeinsame Übungen, Tests und Simulationen zwischen den teilnehmenden Unternehmen durchgeführt werden, um die Effektivität der bestehenden Reaktions- und Wiederherstellungsprozesse zu überprüfen. Diese Art von Notfallübungen ermöglicht die Simulation realer Bedrohungsszenarien in einem geschützten Rahmen und generiert institutionelle Lerneffekte. Für kleinere Institute stellt sie ein wertvolles Instrument dar, um eigene Verteidigungsfähigkeiten zu überprüfen, ohne über ein vollständiges eigenes Red-Teaming oder ein komplexes Testframework verfügen zu müssen.[56]

Ein wesentliches Merkmal der DORA-Regelung zum Informationsaustausch ist ihre Flexibilität. Die Teilnahme an der Veranstaltung ist grundsätzlich freiwillig, jedoch mit der Verpflichtung verbunden, sich vorab anzumelden. Es obliegt den Instituten, ihre Aufsichtsbehörden über die Ein- und Austritte aus den betreffenden Gemeinschaften in Kenntnis zu setzen. Der Gesetzgeber verbindet in diesem Zusammenhang informelle Kooperationsmechanismen mit regulatorischer Transparenz, was insbesondere im Hinblick auf mögliche Reputationsrisiken oder Fehlanreize eine wichtige Kontrollfunktion erfüllt.[57] In der Praxis existieren bereits verschiedene Plattformen und Organisationen, die als Vorbild für DORA-konforme Austauschformate gelten können. In Deutschland sind dies beispielsweise die Allianz für Cyber-Sicherheit oder der Verein Cyber Security Sharing and Analytics e. V., auf europäischer Ebene etwa die TIBER-DE Community oder das Financial Services Information Sharing and Analysis Center (FS-ISAC). Die vorliegenden Formate gestatten eine strukturierte Informationsweitergabe, eine koordinierte Erstellung von Lagebildern sowie eine technische Interoperabilität. Dies erfolgt beispielsweise über Plattformen wie MISP (Malware Information Sharing Platform), welche ebenfalls einen automatisierten Datenaustausch in Echtzeit ermöglichen.[58]

Gleichzeitig ist zu konstatieren, dass der Aufbau solcher Strukturen mit erheblichen Herausforderungen verbunden ist. Neben organisatorischem Aufwand sind insbesondere rechtliche Unsicherheiten in Bezug auf Datenschutz, Wettbewerbsrecht und Haftungsfragen zu nennen, die viele Institute bislang von einer aktiven Teilnahme abhalten. Darüber hinaus besteht mitunter eine Unsicherheit darüber, welche Informationen konkret als „sinnvoll teilbar" zu erachten sind

[56] Vgl. Buttigieg/Zimmermann 2024, S. 11–28.

[57] Vgl. Bernnat, 2025, S. 197–215.

[58] Vgl. Ositashvili, 2024, S. 1–20.

oder wie mit unterschiedlichen Reifegraden innerhalb einer Austauschgemeinschaft umzugehen ist.[59] Zudem wird befürchtet, dass größere Institute durch einen dominanten Wissensvorsprung den Austausch asymmetrisch prägen könnten, während kleinere Akteure primär reaktiv bleiben. Diese Bedenken müssen bei der Ausgestaltung künftiger Kooperationsformate berücksichtigt und durch klare Governance-Prinzipien sowie Unterstützungsangebote adressiert werden. Nichtsdestotrotz eröffnet der strukturierte Informationsaustausch ein hohes Potenzial zur Verbesserung der Resilienz im Finanzsektor. Das gemeinsame Wissen über potenzielle Bedrohungen kann zu einer Beschleunigung der Reaktionszeit, einer frühzeitigen Erkennung neuer Angriffsmuster und einer abgestimmten Abwehrmaßnahme führen. Die Empirische Forschung sieht in dieser Entwicklung eine Möglichkeit, nicht nur die technischen Verteidigungskapazitäten zu stärken, sondern auch ein gemeinschaftliches Bewusstsein sowie eine Kultur der Prävention zu fördern.[60]

2.4 Unterschiede zu bisherigen Regelwerken

Mit dem Inkrafttreten von DORA am 17. Januar 2025 endet in Deutschland die Anwendbarkeit der bislang geltenden BAIT. Seit ihrer Einführung im Jahr 2017 fungierte die BAIT als zentrale regulatorische Grundlage für die IT-Organisation von Kreditinstituten, insbesondere im LSI-Segment. DORA etabliert nun einen neuen europäischen Rechtsrahmen, der als Verordnung unmittelbar gilt und eine unionsweite Harmonisierung der Anforderungen an die digitale Resilienz und das IKT-Risikomanagement bewirkt.[61] Ein wesentliches Charakteristikum der BAIT war ihre bewusst offen gehaltene Formulierung vieler Anforderungen. Die Ausgestaltung oblag in weiten Teilen den Instituten selbst, was den Vorteil einer gewissen Flexibilität in der Umsetzung mit sich brachte, gleichzeitig aber auch zu Unsicherheiten über die aufsichtsrechtlich erwartete Mindesttiefe führte. Konkrete methodische oder technische Mindestanforderungen waren in der BAIT selbst nur punktuell vorgegeben. Erst mit DORA wird eine systematische Konkretisierung in Form der RTS und ITS implementiert, die detaillierte Vorgaben zu Anforderungen, Verfahren und Schwellenwerten enthalten. Diese Entwicklung markiert einen fundamentalen Wandel hin zu einem stärker regelbasierten Aufsichtsverständnis, was unmittelbare Konsequenzen insbesondere für kleine und mittlere Institute

[59] Vgl. Correia & Gonçalves, 2024, S. 1–20.
[60] Vgl. Gauthier-Maxence, 2024, S. 1–8.
[61] Vgl. Teichmann, 2025, S. 235–285.

mit sich bringt. Diese Institute sehen sich nun in der Pflicht, bestehende Strukturen und Prozesse einer kritischen Prüfung zu unterziehen und diese formell zu unterlegen.[62]

Ein zentrales Element dieses Wandels zeigt sich in der Zuordnung der Verantwortung an das Leitungsorgan. Obgleich die BAIT in ihrer ursprünglichen Fassung bereits die Forderung aufstellte, dass die Geschäftsleitung die Verantwortung für eine angemessene IT-Strategie und deren adäquate Umsetzung trägt, manifestiert sich in Artikel 4 von DORA eine explizite Prüffähigkeit dieser Verantwortung. Die Leitungsorgane werden nicht nur zur Freigabe strategischer Grundsatzdokumente aufgefordert, sondern auch zur aktiven Steuerung und Überwachung des IKT-Risikomanagements einschließlich des Ressourceneinsatzes und der Budgetverwendung. Für LSIs resultiert daraus eine signifikante Intensivierung der formellen Governance-Anforderungen, die nicht mehr nur auf operative Umsetzungsprozesse beschränkt bleiben, sondern auf Vorstandsebene verankert und überprüfbar sein müssen.[63] Auch im Bereich des IKT-Risikomanagements lassen sich Unterschiede in Bezug auf die Tiefe und Formalisierung feststellen. Die BAIT fordert bereits ein institutsweites Risikomanagement, welches die IKT-Strukturen berücksichtigt. Dies entspricht den aus den MaRisk-Elementen AT 4.3.1 und AT 7.2 bekannten Anforderungen.[64] DORA überführt diese allgemeinen Vorgaben in ein detailliertes und verbindlich umzusetzendes Rahmenwerk, das in den Artikeln 5 bis 14 zentrale Anforderungen an Asset-Management, Risikobewertung, Schwachstellenmanagement, Backup-Strategien und interne Kontrollverfahren formuliert. Im Gegensatz zur Vorgehensweise unter BAIT, bei der eine Vielzahl dieser Aspekte lediglich indirekt oder kontextuell behandelt wird, werden sie unter DORA zu eigenständigen Prüfobjekten mit eindeutigen Nachweispflichten. Für LSIs resultiert daraus die Notwendigkeit einer signifikanten Nachjustierung bestehender Konzepte zur IT-Strategie, IT-Governance oder Informationssicherheit. Dies betrifft beispielsweise die Implementierung klarer Prozesse zur Risikozuordnung, die Dokumentation von Schutzmaßnahmen oder die Durchführung regelmäßiger Effektivitätskontrollen.[65]

Ein evidenter Unterschied besteht im Bereich des Vorfallmanagements. Unter BAIT-Gesichtspunkten war bereits die Implementierung eines adäquaten Notfall- und Incident-Managements zu gewährleisten. In der praktischen Umsetzung

[62] Vgl. Bauer, 2023, S. 1–6.

[63] Vgl. Carrillo, 2023, S. 1133 – 1166.

[64] Vgl. Biernat/Maksimovic, 2019, S. 93–188.

[65] Vgl. BaFin, 2024b.

impliziert dies in der Regel die Implementierung eines ISMS, welches durch Meldeprozesse und Rückfallpläne ergänzt wird. DORA normiert demgegenüber nicht nur Prozesse zur Vorfallbehandlung, sondern führt mit Artikeln 15 bis 20 ein mehrstufiges Meldesystem ein, das Vorfälle in normale und schwerwiegende klassifiziert und konkrete Fristen sowie Formate für die Meldung an die Aufsichtsbehörden vorgibt.[66] Darüber hinaus werden durch begleitende RTS und ITS die inhaltlichen Anforderungen an die Meldung detailliert reguliert. Für LSIs, die bislang solche Meldewege nur im Rahmen von IT-Betriebsunterbrechungen ad hoc organisiert haben, entsteht dadurch eine neue, formalisierte Berichtspflicht. Diese erfordert nicht nur eine technische Infrastruktur, sondern auch organisatorische Klarheit und Melderoutinen. Im Unterschied zu BAIT schreibt DORA zudem regelmäßige Tests der digitalen Resilienz vor, wobei die Anforderungen abgestuft sind. Gerade die unter DORA eingeführten TLPTs sind jedoch primär auf größere und komplexere Institute ausgerichtet, die systemische Relevanz besitzen oder hohe Vernetzungsgrade aufweisen.[67]

Auch im Bereich des Drittparteienmanagements ergeben sich wesentliche Unterschiede. BAIT verpflichtet Institute bereits zur Führung eines Auslagerungsregisters sowie zur umfassenden Risikobetrachtung gemäß AT 9 MaRisk. Die praktische Umsetzung erfolgt in der Regel durch Verträge mit IT-Dienstleistern und Auslagerungspartnern, deren Risikoqualifizierung nach Wesentlichkeit erfolgt. DORA erweitert diese Betrachtung erheblich: Sie erfasst explizit alle IKT-Dienstleistungen, unabhängig davon, ob es sich um eine formale Auslagerung handelt, und fordert in den Artikeln 25 bis 39 unter anderem die Führung eines standardisierten Informationsregisters über sämtliche vertragliche Beziehungen im IKT-Kontext. Das vorliegende Register ähnelt dem bestehenden Auslagerungsregister, überschreitet jedoch in Breite und Tiefe deutlich die Grenzen des bestehenden Registers, da es insbesondere die vollständige Nachverfolgung der Subauftragsketten einbezieht.[68] Gemäß DORA werden die Verpflichtung zur Risikoanalyse sowie die Anforderungen an vertragliche Mindestinhalte (beispielsweise Exit-Strategien, Audit-Rechte und Datenzugriffsregelungen) stärker formalisiert. Für LSIs ist diese Standardisierung insbesondere in Fällen von Relevanz, in denen bislang informelle oder verstreute Vertragsübersichten gepflegt wurden. Zudem ist ein deutlich erhöhter Standardisierungsgrad auf struktureller Ebene festzustellen. DORA verwendet einheitliche Definitionen, klare Begrifflichkeiten und detaillierte Schwellenwerte. Für LSIs bedeutet

[66] Vgl. Priller, 2025, S. 163–218.

[67] Vgl. Hellekamp, 2025, S. 2–28.

[68] Vgl. Freßmann, et al., 2024, S. 53–120.

dies keinen vollständigen Systembruch, wohl aber eine strukturelle Verdichtung und Vereinheitlichung der Anforderungen, die den Umsetzungsaufwand sowohl organisatorisch als auch technisch signifikant erhöhen. Gleichzeitig bestehen signifikante Unterschiede in der Terminologie, Konsistenz und Detaillierungstiefe. Während BAIT bewusst mit generischen Begrifflichkeiten arbeitet, die den Instituten Interpretationsspielräume lassen, legt DORA spezifische Definitionen, Schwellenwerte und formalisierte Prozesse fest. Diese reichen von der Vorfallmeldung über die Risikobewertung bis hin zur Drittparteiensteuerung. Dies erhöht zwar die Transparenz, führt jedoch zu einer Reduktion der Flexibilität und macht Nachjustierungen bestehender interner Konzepte häufig unumgänglich. Diese Erkenntnisse stellen die konzeptionelle Grundlage für die nachfolgende empirische Analyse dar, in der die Einschätzung der Herausforderungen, die sich aus DORA ergeben, im Vergleich zur bisherigen BAIT-Praxis konkret erfasst werden soll. Zudem wird der erwartete Umsetzungsaufwand ermittelt und potenzieller Unterstützungs- oder Anpassungsbedarf identifiziert.[69]

[69] Vgl. EBA, 2025, S. 7.

Methodik

3

Die Beantwortung der zuvor entwickelten Forschungsfragen erfolgt in der vorliegenden Arbeit auf der Grundlage eines methodisch breit angelegten Untersuchungsdesigns. Dieses Design ermöglicht eine sowohl strukturierte als auch praxisnahe Abbildung der Komplexität regulatorischer Umsetzungspraxis in LSIs. Die nachfolgenden Abschnitte dieses Kapitels erläutern die methodische Herangehensweise, die Operationalisierung der zentralen Konzepte sowie die Konstruktion des Fragebogens. Im Anschluss werden die Auswahl der Zielgruppe, die Durchführung der Erhebung und das konkrete Auswertungsverfahren detailliert dargestellt.

3.1 Methodischer Ansatz

Zur systematischen Untersuchung der Auswirkungen der DORA-Verordnung auf LSIs im deutschen Bankensektor wurde ein deduktiv-quantitativer Forschungsansatz gewählt. Diese methodische Kombination aus quantitativen und qualitativen Komponenten trägt dem komplexen Untersuchungsgegenstand der regulatorischen Wirkung und Umsetzbarkeit der DORA-Verordnung bei LSIs Rechnung, indem sie sowohl strukturell vergleichbare Daten erhebt als auch die Möglichkeit bietet, kontextuelle Einblicke und individuelle Einschätzungen zu berücksichtigen. Der Schwerpunkt liegt dabei auf einer hypothesengeleiteten

---

Ergänzende Information Die elektronische Version dieses Kapitels enthält Zusatzmaterial, auf das über folgenden Link zugegriffen werden kann https://doi.org/10.1007/978-3-658-51102-9_3.

O. Michelmann, *DORA und LSI-Banken*, Business, Economics, and Law,
https://doi.org/10.1007/978-3-658-51102-9_3

quantitativen Hauptkomponente, die durch offene Antwortfelder im Fragebogen sowie ausgewählte Freitextanalysen qualitativ ergänzt wird. Die Entscheidung für eine quantitative Vorgehensweise fußt auf dem Anspruch, standardisierte, vergleichbare und statistisch auswertbare Informationen zu erheben, die belastbare Rückschlüsse auf die Umsetzungspraxis sowie die Wahrnehmung regulatorischer Herausforderungen ermöglichen.[1] Im Fokus steht weniger die tiefenstrukturierte Exploration individueller Einzelfälle, sondern vielmehr die aggregierte Erfassung von Tendenzen, Mustern und Belastungsschwerpunkten im LSI-Segment. Der Untersuchungsgegenstand ist durch eine hohe Prägnanz und Strukturiertheit gekennzeichnet. Aufgrund der bereits in der wissenschaftlichen Literatur sowie im regulatorischen Diskurs breit rezipierten Inhalte der Verordnung war es möglich, die zentralen Themenfelder, insbesondere das IKT-Risikomanagement, das Vorfallmeldewesen, Resilienztests und Drittparteiensteuerung, vorab analytisch zu definieren und entlang strukturierter Kategorien empirisch zu operationalisieren. Die Ableitung der Forschungsfragen und Hypothesen erfolgte auf Basis einer umfassenden Auseinandersetzung mit der regulatorischen Entwicklung, der bestehenden Literatur sowie den bisherigen Umsetzungserfahrungen vergleichbarer Anforderungen (z. B. BAIT, MaRisk) und war sowohl inhaltlich theoriegeleitet als auch praxisbezogen. Die Untersuchung basiert folglich auf fundierten theoretischen Überlegungen und gewährleistet gleichzeitig eine hohe Anschlussfähigkeit an die Praxis.

Zur Implementierung des vorliegenden Designs wurde ein standardisierter Online-Fragebogen konzipiert, der die zentrale Erhebungsmethode der Untersuchung repräsentiert. Der Einsatz eines Fragebogens erlaubt eine effiziente und systematische Datenerhebung innerhalb einer heterogenen Grundgesamtheit, bei gleichzeitiger Wahrung der Vergleichbarkeit der Antworten. Der Fragebogen wurde entlang der zuvor definierten Themenfelder konzipiert und enthält sowohl geschlossene als auch halboffene Fragen. Der Mixed-Methods-Ansatz wurde gewählt, um sowohl die Breite als auch die Tiefe der DORA-bedingten Belastung erfassen zu können. Der quantitative Anteil gewährleistet die Aggregation und Vergleichbarkeit zwischen den Instituten, während der qualitative Anteil eine erste Erhebung von Mustern in der Interpretation, Relevanzwahrnehmung oder den operationalen Herausforderungen erlaubt. Die Fragen wurden so formuliert, dass sie sich in ihrer Formulierung an der etablierten regulatorischen Terminologie

[1] Vgl. Burton/Turner, 2015, S. 1–25.

orientieren. So werden Missverständnisse vermieden und eine hohe Antwortvalidität gewährleistet. Auf aufwendige qualitative Einzelinterviews oder mehrstufige Delphi-Verfahren wurde bewusst verzichtet, da diese aufgrund der hohen Heterogenität der LSI-Landschaft sowie des explizit quantitativen Erkenntnisinteresses an Belastungsausprägungen als methodisch nicht zielführend bewertet wurden. Auch ein dediziertes Gruppendesign mit Quotenstichproben wurde verworfen, da die Erreichung statistischer Repräsentativität nicht erstrebenswert war. Stattdessen wurde ein möglichst breiter Zugang zu Umsetzungserfahrungen in der Praxis angestrebt.

Der gewählte Untersuchungsansatz orientiert sich konsequent an den wissenschaftlichen Gütekriterien empirischer Forschung. Die Objektivität wird durch eine standardisierte Erhebungsform sichergestellt, die identische Fragetexte, neutrale Skalenausprägungen sowie den vollständigen Verzicht auf personenbezogene Merkmale umfasst. Darüber hinaus wurde der Fragebogen vor dem Feldtest durch unabhängige Testpersonen im Rahmen einer Stichprobe auf Verständlichkeit und Neutralität geprüft. Die Reliabilität wird durch den Einsatz gleichartiger Antwortformate innerhalb der jeweiligen Themenblöcke angestrebt, wobei vorwiegend fünfstufige Likert-Skalen zum Einsatz kommen. Die Auswertung sieht eine Prüfung der internen Konsistenz vor. Zur quantitativen Überprüfung ist die Berechnung des Cronbach Alpha für die relevanten Subskalen vorgesehen. Um die Inhaltsvalidität zu gewährleisten, wurde die Konzeption der Items auf Basis einschlägiger regulatorischer Vorgaben, insbesondere der DORA-Verordnung einschließlich RTS und ITS, sowie wissenschaftlicher Fachliteratur vorgenommen. Darüber hinaus wurden bestehende nationale Regelwerke wie die BAIT und die MaRisk als konzeptionelle Referenzpunkte herangezogen, um die Anschlussfähigkeit an bestehende Umsetzungspraktiken zu gewährleisten. Es besteht demnach eine enge Passung zwischen der übergeordneten Zielstellung der Arbeit und der inhaltlichen Konstruktion der Items.

Die Arbeit verfolgt somit einen hypothesengeleiteten, theoriegestützten und operational klar definierten Forschungsansatz mit zwei wesentlichen Zielen: Einerseits soll er die praktischen Herausforderungen der DORA-Umsetzung in LSIs erfassen, andererseits soll er Aussagen zur Angemessenheit des Proportionalitätsprinzips im europäischen Aufsichtsrahmen ermöglichen. Der methodische Zugriff erlaubt es somit, einen Brückenschlag zwischen regulatorischer Theorie und operativer Umsetzungspraxis zu vollziehen und damit einen fundierten Beitrag zum wissenschaftlichen und regulatorischen Diskurs zu leisten.

3.2 Operationalisierung und Fragebogenkonstruktion

Ausgehend von der übergeordneten Zielsetzung dieser Arbeit, die Belastungsschwerpunkte und Umsetzungsprobleme der DORA-Verordnung im Segment der LSIs zu erfassen, wurde im Rahmen des empirischen Designs eine präzise Operationalisierung zentraler Untersuchungsdimensionen vorgenommen. Im Rahmen der Analyse wurde das zugrundeliegende Erkenntnisinteresse in drei übergeordnete Konstruktkategorien überführt. Zunächst sind die subjektiv wahrgenommenen Umsetzungsaufwände in den relevanten DORA-Themenfeldern zu berücksichtigen. Des Weiteren sind die identifizierten Umsetzungsprobleme und der damit verbundene Bedarf an regulatorischer Klarstellung zu beachten. Schließlich sind auch die strukturellen Vergleichsmerkmale der Institute zu berücksichtigen, die als potenzielle Einflussfaktoren auf Wahrnehmung und Belastung fungieren. Die Operationalisierung dieser Konstrukte erfolgte auf Basis geltender regulatorischer Vorgaben, empirisch bewährter Skalenlogiken sowie einschlägiger Fachliteratur.

Die Entwicklung der einzelnen Fragebogenitems erfolgte auf Grundlage eines mehrstufigen, systematisch-theoriegeleiteten Vorgehens. Ausgangspunkt der Untersuchung war die rechtlich-regulatorische Ableitung anhand der DORA-Verordnung und der zugehörigen technischen Regulierungsstandards. Die vier zentralen Themenfelder der Verordnung, IKT-Risikomanagement, Management und Meldung von IKT-Vorfällen, Testen der digitalen Betriebsstabilität sowie Drittparteienmanagement inkl. Informationsregister, wurden thematisch strukturiert aufbereitet und jeweils in skalierbare Itemgruppen überführt. Diese Gruppierungen ermöglichen eine differenzierte empirische Erfassung der jeweiligen Belastungstreiber, mittels derer sich etwa Ressourcenbindung, Dokumentationsaufwand oder Unklarheiten im Regelungstext ermitteln lassen. Zur Spezifizierung der inhaltlichen Dimensionen und Begriffslogiken wurden zentrale nationale Auslegungsdokumente in die Entwicklung integriert, insbesondere die BAIT, die MaRisk sowie einschlägige Verlautbarungen von BaFin, Bundesbank, EBA und EZB. Einzelne Anforderungen, die aus Sicht der Aufsicht als potenziell missverständlich gelten bzw. Sachverhalte, die sich in FAQs der BaFin häufen, wurden in operative Umsetzungskomponenten übersetzt. Ein Beispiel ist die Übertragung der bisherigen Pflicht zur kontinuierlichen Klassifizierung von IKT-Dienstleistern in eine Itemformulierung, die gezielt nach dem Aufwand und den Unsicherheiten im Klassifikationsprozess fragt. Die translationale Logik fungierte als Instrument zur Transformation normativer Anforderungen in institutionell erfahrbare Belastungsdimensionen. Der Prozess wurde durch eine praxisnahe Verfeinerung ergänzt, die auf einschlägigen Fachveröffentlichungen basiert. Dieser Schritt diente dazu, die Relevanz der Fragestellungen nicht nur aus regulatorischer Perspektive, sondern auch im Hinblick auf die anschlussfähige Umsetzung im institutsinternen Kontext zu gewährleisten. Die Konzeption der Fragen erfolgte unter besonderer Berücksichtigung klarer und nicht suggestiver Formulierungen, der Vermeidung redundanter Fragestellungen, der konsequenten Trennung zwischen geschlossenen und offenen Fragen sowie der Sicherstellung eines konsistenten Antwortformats.

Im Rahmen der Untersuchung wurden die standardisierten Items neben der Erfassung der Strukturmerkmale in Form von fünfstufigen Likert-Skalen eingesetzt. Die Skalen wurden verbal vollständig verankert (von „stimme überhaupt nicht zu" bis „stimme voll und ganz zu") und um eine zusätzliche Antwortoption „keine Angabe möglich" ergänzt. Die Implementierung dieser Skalierung erfolgte in sämtlichen thematischen Hauptblöcken, mit dem Ziel, die Vergleichbarkeit der Daten zu gewährleisten und die Reliabilität innerhalb der Konstrukte sicherzustellen. Die Implementierung gezielter Freitextfelder stellte eine qualitative Ergänzung dar. Die Befragten hatten dadurch die Möglichkeit, individuelle Herausforderungen, Kritikpunkte und Verbesserungsvorschläge differenziert zu benennen. Der Mixed-Methods-Ansatz manifestiert sich ebenfalls auf der Ebene der Erhebungsinstrumente. Die Verwendung von Skalen erlaubt eine strukturierte, statistisch auswertbare Datenerhebung. Die offenen Felder hingegen ermöglichen die Einbindung von Kontext und die Erfassung bislang nicht antizipierter Aspekte.

Der Fragebogen wurde insgesamt in mehrere inhaltlich und logisch aufeinander aufbauende Abschnitte untergliedert. Nach einer Einleitung, in der der Zweck der Erhebung sowie die Anonymität der Datenverarbeitung dargelegt wurden, erfolgte zunächst die Erfassung institutsbezogener Strukturmerkmale, wie die Bilanzsumme, die Personalgröße, der Digitalisierungsgrad oder die Verbundzugehörigkeit. Diese Variablen dienen der Segmentierung der Stichprobe sowie der Analyse potenzieller Proportionalitätseffekte im regulatorischen Vollzug. Im Anschluss daran erfolgte eine Erhebung der allgemeinen Wahrnehmung der DORA-Verordnung im Vergleich zur bisherigen nationalen Regulierung (insbesondere BAIT). Die vier Hauptblöcke des Fragebogens korrespondierten mit den zuvor genannten DORA-Themenfeldern und enthielten jeweils Fragen zur subjektiven Belastung als auch zur Verständlichkeit, Umsetzbarkeit und zu etwaigen Unterstützungsbedarfen. Den Abschluss des Fragebogens bildeten offene Fragen, in denen die Teilnehmer individuelle Herausforderungen schildern, Erleichterungspotenziale benennen, Ursachen für Umsetzungsherausforderungen nennen oder kritische Punkte zur regulatorischen Ausgestaltung adressieren konnten.

3.3 Zielgruppe und Stichprobe

Die empirische Untersuchung dieser Arbeit zielt darauf ab, die praktischen Herausforderungen, Belastungsschwerpunkte und Umsetzungsrealitäten der DORA-Verordnung aus Sicht deutscher LSIs differenziert zu erfassen. Entsprechend wurde die Zielgruppe der Erhebung so definiert, dass sie ein möglichst breites Spektrum an institutspraktischer Perspektive auf die regulatorische Umsetzung abbildet. Als Zielgruppe adressiert die Befragung Fach- und Führungskräfte aus LSIs, die in ihrem beruflichen Alltag mit der Interpretation, Umsetzung oder Überwachung regulatorischer Anforderungen im Bereich IT und Governance betraut sind. Dies umfasst insbesondere Mitarbeiter aus den Bereichen Informationssicherheit, IT-Risikomanagement, Compliance, Interne Revision, Auslagerungsmanagement und der Gesamtbanksteuerung. Zentrale Voraussetzung für die Zugehörigkeit zur Zielgruppe war die Kenntnis von der DORA-Umsetzung im jeweiligen Institut, unabhängig von Hierarchieebene oder Verbundstruktur. Durch die inhaltliche Fokussierung auf mitwirkende Personen in operativer oder strategischer Verantwortung wurde sichergestellt, dass die erhobenen Einschätzungen eine fundierte Bewertung der tatsächlichen Umsetzungsschwierigkeiten und Belastungsauslöser aus der institutsinternen Praxisperspektive ermöglichen. Ziel der Erhebung war es ausdrücklich nicht, eine statistisch repräsentative Stichprobe aller LSIs in Deutschland zu generieren, sondern vielmehr qualitativ hochwertige Rückmeldungen von Personen zu erhalten, die unmittelbar mit DORA-bezogenen Umsetzungsfragen befasst sind. Die methodische Zielsetzung dieser Arbeit strebt keine statistische, sondern eine analytische Generalisierbarkeit an, d. h. die Identifikation typischer Belastungsmuster, Unsicherheiten und Unterstützungsbedarfe innerhalb der betroffenen Institute. Die breite thematische Ausrichtung des Fragebogens auf zentrale DORA-Handlungsfelder und die standardisierte Skalierung der Items ermöglichen dabei eine strukturierte Erfassung der Spannungsfelder unabhängig von der konkreten Bankgröße oder Organisationsform.

Innerhalb dieser übergeordneten Zielgruppe wurde für die Durchführung des Pretests und zur qualitativen Validierung des Erhebungsinstruments eine qualifizierte Stichprobe gebildet. Die Auswahl der Stichprobenteilnehmer erfolgte gezielt nach dem Kriterium besonderer fachlicher Expertise und methodischer Anschlussfähigkeit. Berücksichtigt wurden ausschließlich Personen, die bereits in einschlägigen Fachverlagen Beiträge zur Umsetzung der DORA-Verordnung veröffentlicht oder als Dozenten Fachseminare zur praktischen Umsetzung von DORA-Anforderungen durchgeführt haben. Diese Auswahlentscheidung diente der Sicherstellung eines angemessenen Validitätsniveaus bei der Evaluierung des Fragebogens im Vorfeld der Feldphase. Durch den engen Praxisbezug, die fundierte regulatorische Verankerung und die methodische Kompetenz der Stichprobenteilnehmer konnte gewährleistet werden, dass Rückmeldungen zur Verständlichkeit, Skalierung, Strukturierung und inhaltlichen Abdeckung des Fragebogens auf einem fundierten Erfahrungswissen basieren. Der Pretest wurde mit insgesamt acht Teilnehmern aus dieser qualifizierten Stichprobe durchgeführt. Die Befragten bearbeiteten den Fragebogen unter realitätsnahen Bedingungen und lieferten im Anschluss differenzierte Rückmeldungen zu Formulierungslogik, Antwortoptionen und technischen Aspekten der Erhebung. Die gewonnenen Hinweise und Antworten des Fragebogens führten zu gezielten Anpassungen, darunter insbesondere die Ergänzung eines offenen Freitextfeldes zur Benennung individueller Ursachen von Umsetzungsherausforderungen. Ebenso wurden kleinere sprachliche Präzisierungen zur Erhöhung der Verständlichkeit eingefügt. Die durchschnittliche Bearbeitungszeit wurde mit rund 20 Minuten als zumutbar eingeschätzt. Die aus dem Pretest resultierende Version des Erhebungsinstruments bildet die methodisch fundierte Grundlage für die sich anschließende Hauptbefragung.

3.4 Durchführung der Erhebung

Die empirische Erhebung dieser Arbeit wurde vollständig online über das datenschutzkonforme Erhebungstool „empirio“ durchgeführt. Die technische Implementierung des Fragebogens erfolgte auf der Plattform und die Teilnahme wurde anonym sowie auf freiwilliger Basis über einen Direktlink ermöglicht. Es erfolgte keine Erhebung personenbezogener Daten. In der Einleitung des Fragebogens wurden die Teilnehmerinnen und Teilnehmer transparent über den wissenschaftlichen Zweck der Untersuchung, die voraussichtliche Bearbeitungszeit sowie die grundsätzlichen Teilnahmebedingungen informiert. Darüber hinaus bestand die Möglichkeit, über eine eigens eingerichtete Kontaktadresse mit dem Verfasser der Arbeit in Verbindung zu treten, sofern Rückfragen auftraten. Zur Wahrung der wissenschaftlichen Integrität und zur Vermeidung systematischer Verzerrungen wurde im Einladungstext explizit darauf hingewiesen, dass pro Institut nur eine Teilnahme erfolgen soll, vorzugsweise durch eine mit der DORA-Umsetzung betraute und sachkundige Person. Dies soll insbesondere verhindern, dass die Datenqualität durch Mehrfachantworten beeinträchtigt wird. Ebenso ist über den Anbieter „empirio“ ausgeschlossen, dass mehrere Teilnahmen über dasselbe Gerät möglich sind.

Die Verbreitung des Befragungslinks wurde mittels eines mehrstufigen und intermediärgestützten Verfahrens durchgeführt, mit dem Ziel, eine möglichst breite Reichweite innerhalb der definierten Zielgruppe im LSI-Segment zu erzielen. Ein wesentlicher Aspekt der Verbreitungsstrategie bestand in der zielgerichteten Ansprache von Multiplikatoren innerhalb relevanter Institutionen und Netzwerke. In diesem Zusammenhang ist insbesondere auf die regionalen Sparkassen- und Genossenschaftsverbände hinzuweisen, die den Fragebogen im Rahmen ihrer DORA-spezifischen Arbeitskreise und Fachgruppen an ihre Mitgliedsinstitute weitergeleitet haben. Zusätzlich wurden Bankenverbände auf Bundesebene kontaktiert, die ihre Mitglieder durch Rundschreiben oder gezielte Informationsweitergabe zur Teilnahme an der Erhebung motivierten. Des Weiteren erfolgte die Verbreitung des Links zur Online-Umfrage über einschlägige Anbieter von Praktikerseminaren zur IT-Regulatorik. Diese Anbieter verfügen über etablierte Netzwerke im Bereich der deutschen LSIs und konnten durch Mailingaktionen sowie Verbreitungen auf beruflichen Netzwerkseiten adressatengerechte Aufmerksamkeit erzeugen. Darüber hinaus wurden spezialisierte Beratungsunternehmen in die Untersuchungen einbezogen, die im Rahmen ihrer Mandate Kontakte zu Banken mit DORA-Relevanz unterhalten. Mehrere dieser Unternehmen erklärten sich bereit, die Umfrage an beratene Institute weiterzuleiten und so die empirische Basis gezielt zu verbreitern. Auf Grundlage dieser mehrgleisigen Verbreitungsstrategie wurde eine hinreichende Fallzahl realisiert, die es ermöglicht, die zentralen Forschungsfragen der Arbeit zu adressieren.

Die Konzeption der Erhebung als digitale Online-Umfrage erwies sich angesichts der hohen geografischen Streuung der Zielgruppe, der heterogenen Institutstypen sowie der Verfügbarkeit potenzieller Teilnehmender im beruflichen Kontext als methodisch sinnvoll. Die digitale Durchführung ermöglichte einen flexiblen Zugriff auf die Umfrage und reduzierte zugleich den organisatorischen Aufwand und Verzerrungen, wie sie bei telefonischen oder persönlichen Interviews auftreten können. Die hohe Standardisierung der Durchführung sowie die gezielte Auswahl der Verbreitungskanäle führten zur Realisierung eines methodisch validen Erhebungsprozesses, der den Anforderungen an Objektivität und Transparenz sowie an Zielgruppenpassung gerecht wird.

3.5 Verfahren der Datenauswertung

Die Auswertung der erhobenen Daten erfolgte auf Grundlage eines kombinierten quantitativen und qualitativen Vorgehens, das sich an den methodischen Standards empirischer Sozialforschung orientierte. Die Berechnungen wurden unter Verwendung von Excel, der Statistiksoftware R bzw. Python durchgeführt. Die geschlossenen Fragen des standardisierten Online-Fragebogens wurden zunächst in eine numerische Datenmatrix überführt, indem sämtliche Likert-Skalen-Antworten auf einer fünfstufigen Skala kodiert wurden (1 = „stimme überhaupt nicht zu“ bis 5 = „stimme voll und ganz zu“). Die Option „keine Angabe möglich“ wurde als fehlender Wert behandelt und in den Berechnungen ausgeschlossen. Für die vier thematischen Blöcke IKT-Risikomanagement, IKT-Vorfälle und Meldungen, Testen der digitalen Resilienz sowie Management von IKT-Drittparteien wurden Mittelwerte gebildet, sofern mindestens die Hälfte der Items beantwortet war. Die Entwicklung belastbarer Summenindizes erfolgte gemäß dem vorgegebenen Verfahren, wobei diese als Fundament für die nachfolgenden Analysen dienten.

Zur Sicherstellung der internen Konsistenz der Skalen wurde in einem ersten Schritt die Reliabilität mit Cronbachs Alpha überprüft. Werte oberhalb von 0,7 wurden dabei als Indikator für eine zufriedenstellende interne Konsistenz gewertet.[2] In sämtlichen Blöcken manifestierte sich ein signifikant höheres Niveau, sodass die Aggregation der Items zu Summenwerten als legitim zu erachten ist. Im Rahmen der Untersuchung wurde ergänzend eine explorative Faktorenanalyse durchgeführt, um die dimensionalen Strukturen innerhalb der Themenfelder zu erforschen. Die Faktorisierbarkeit wurde durch das Kaiser-Meyer-Olkin-Maß (KMO) sowie den Bartlett-Test auf Sphärizität überprüft. Die Ermittlung der Zahl der Faktoren erfolgte unter Anwendung des Eigenwertkriteriums (> 1) sowie anhand des Scree-Plots. Im Anschluss wurde eine Varimax-Rotation durchgeführt, um die inhaltliche Interpretierbarkeit der Struktur zu gewährleisten.[3] Dieser Ansatz ermöglicht die Identifizierung von Subdimensionen, die aufzeigen, ob die wahrgenommenen Belastungen inhaltlich trennbare Facetten aufweisen.

Im Rahmen der deskriptiven Auswertung wurden anschließend zentrale Tendenzen und Streuungen berechnet, um die Belastungswahrnehmung in den einzelnen Themenfeldern zu beschreiben. Neben Mittelwerten und Medianen wurden Standardabweichungen ausgewiesen und die Items innerhalb der Blöcke nach der Höhe ihrer Belastungswerte rangiert, sodass eine Priorisierung der größten Belastungstreiber möglich wurde. Auf dieser Grundlage erfolgte die Identifikation der zentralen Belastungsschwerpunkte.

Zur Prüfung systematischer Unterschiede zwischen den verschiedenen Institutsgruppen wurden inferenzstatistische Verfahren eingesetzt. Für Zweigruppenvergleiche wurde der Mann-Whitney-U-Test eingesetzt, beispielsweise zur

---

[2] Vgl. Dennick/Tavakol, 2011, S. 53–55.

[3] Vgl. Brown et al., 2010, S. 1–13.

Differenzierung zwischen Verbund- und Nicht-Verbundinstituten oder zwischen Frühstartern und Spätstartern. Für Vergleiche mit mehr als zwei Gruppen, beispielsweise zwischen Instituten unterschiedlicher Bilanzsummenkategorien oder verschiedenen Ausprägungen der Ressourcenbereitstellung, wurde der Kruskal-Wallis-Test verwendet. Wo die Normalverteilungsannahmen nicht verletzt waren, wurden ergänzend t-Tests durchgeführt, etwa beim Vergleich des wahrgenommenen Aufwands zwischen BAIT und DORA.[4] Darüber hinaus wurden bivariate Zusammenhänge zwischen Strukturmerkmalen und Belastungsindizes mit Spearman-Rangkorrelationen untersucht. Im Rahmen der Untersuchung wurden nicht nur die Korrelation zwischen dem Digitalisierungsgrad und der Belastungswahrnehmung sowie der Outsourcing-Quote und der Drittparteienbelastung analysiert, sondern auch die Zusammenhänge zwischen den vier Belastungsblöcken sowie zwischen den Aufwand-Nutzen-Einschätzungen und der Belastung selbst.

Zur simultanen Betrachtung einer Vielzahl von Einflussgrößen wurde darüber hinaus eine multiple lineare Regressionsanalyse (Ordinary Least Squares) durchgeführt. In der vorliegenden Untersuchung wurde der Gesamtbelastungsindex als abhängige Variable definiert. Als unabhängige Variablen wurden die Bilanzsumme, der Digitalisierungsgrad, der Outsourcing-Anteil, die frühzeitige Projektinitiierung sowie die Bereitstellung zusätzlicher Ressourcen berücksichtigt. Die Modellgüte wurde über R^2 und das adjustierte R^2 ausgewiesen, die Signifikanz einzelner Prädiktoren über t-Tests und die Gesamtmodell-Signifikanz über den F-Test überprüft. Zur Sicherstellung der Regressionsvoraussetzungen wurden Multikollinearität (über Varianzinflationsfaktoren), Normalverteilung der Residuen (Shapiro-Wilk) sowie Homoskedastizität (Breusch-Pagan-Test) geprüft.[5]

Des Weiteren wurde eine Clusteranalyse eingesetzt, um typische Belastungsprofile von Instituten zu identifizieren. Zu diesem Zweck wurden die vier Belastungsskalen standardisiert, um eine vergleichbare Gewichtung sicherzustellen. Im Anschluss wurde eine hierarchische Clusteranalyse nach der Ward-Methode mit euklidischer Distanz durchgeführt, um eine erste Bestimmung der Clusterzahl zu ermöglichen. Auf Basis der Ergebnisse aus Dendrogramm, Elbow-Kriterium und Silhouettenkoeffizienten wurde eine Dreiclusterlösung als optimal bestimmt. Im Anschluss wurde eine k-Means-Clusteranalyse durchgeführt, um eine Feinklassifikation der Institute zu erreichen.[6] Im Rahmen der Analyse

[4] Vgl. Blettner et al., 2010, S. 343–348.

[5] Vgl. Socrates, 2017, S. 1–53.

[6] Vgl. Contreras/Murtagh, 2012, S. 1–12.

wurden die Clusterprofile einer deskriptiven Charakterisierung unterzogen und anschließend mit den Kontextmerkmalen Bilanzsumme, Digitalisierungsgrad, Outsourcing-Quote, Ressourcenausstattung und Projektstart abgeglichen.

Neben den quantitativen Verfahren wurde auch eine qualitative Inhaltsanalyse nach Mayring durchgeführt, um die Freitextantworten der Befragten systematisch auszuwerten. In der vorliegenden Untersuchung wurden deduktive Kategorien wie Dokumentation, Meldepflichten, Prüfanforderungen, Ressourcen, Drittparteien und Zeitdruck gebildet. Im Rahmen der Analyse erfolgte eine Erweiterung der Kategorien, die sich im Wesentlichen auf die Aspekte Aufsichtsunterstützung, Proportionalität, Templates und interne Koordination konzentrierte. Im Rahmen der Analyse wurde jede sinntragende Textpassage paraphrasiert, codiert und schließlich in eine Auszählmatrix überführt. Die Ergebnisse wurden sowohl in Form einer Häufigkeitsanalyse als auch durch die Auswahl prägnanter Originalzitate dargestellt.[7] Um eine präzise Auswertung zu gewährleisten, erfolgte eine separate Analyse der Antworten auf die Fragen nach Herausforderungen und gewünschten Erleichterungen bzw. Klarstellungen.

Die Kombination aus deskriptiven, inferenzstatistischen und multivariaten Verfahren auf der einen Seite sowie der qualitativen Inhaltsanalyse auf der anderen Seite gewährleistet eine umfassende und methodisch fundierte Aufarbeitung der Daten. Die Verfahren ergänzen sich insofern, als dass die Forschungsfrage nach der Proportionalität der DORA-Anforderungen im Kontext von LSI-Banken differenziert und valide beantwortet werden kann.

[7] Vgl. Janssen et al., 2016, S. 1–13.

Ergebnisse

4

Im nachfolgenden Kapitel werden die zentralen empirischen Befunde der Online-Befragung präsentiert. Das Ziel besteht darin, die wahrgenommenen Belastungsschwerpunkte, Umsetzungshürden und Klarstellungsbedarfe im Kontext der DORA-Verordnung aus Perspektive der LSIs systematisch aufzubereiten. Die Ergebnisse orientieren sich entlang der thematischen Struktur des Fragebogens und ermöglichen sowohl eine differenzierte Betrachtung einzelner Regelungsbereiche als auch eine übergreifende Bewertung der regulatorischen Wirkung.

4.1 Analytische Auswertung der Befragung

Die Stichprobe der Untersuchung umfasst 49 Datensätze, die ein breites, aber verhältnismäßig von kleineren LSIs geprägtes Bild widerspiegeln. Hinsichtlich der Bilanzsumme zeigt sich, dass die Mehrheit der teilnehmenden Institute im Bereich von 1 bis 5 Milliarden Euro angesiedelt ist (n = 27). Sehr kleine Häuser mit weniger als einer Milliarde Euro sind zwar vertreten (n = 7), bilden jedoch eine Minderheit, während Institute mit mehr als 5 Milliarden Euro ebenfalls einen substanziellen Anteil stellen (n = 15), wobei Institute mit Bilanzsumme von über 15 Mrd. € nicht vertreten waren. Auch die Mitarbeiterzahlen verdeutlichen diese typische Struktur: Viele Befragte stammen aus Organisationen mit eher kleinen bis mittleren Belegschaften, während Häuser mit mehr als 1.000 Beschäftigten seltener vertreten sind. Die Verbundzugehörigkeit prägt das Bild deutlich, da Sparkassen (n = 24) und Genossenschaftsbanken (n = 12) die überwältigende Mehrheit der Stichprobe ausmachen; nur wenige Institute agieren außerhalb solcher Verbünde (n = 9). Auf Ebene der befragten Organisationseinheiten wird

O. Michelmann, *DORA und LSI-Banken*, Business, Economics, and Law,
https://doi.org/10.1007/978-3-658-51102-9_4

sichtbar, dass sich die Teilnehmenden auf unterschiedliche Funktionsbereiche verteilen. Schwerpunkte liegen bei IT- und Compliance-Funktionen, daneben sind aber auch Revision und Geschäftsleitung vertreten, was eine facettenreiche Abbildung der institutsinternen Perspektiven gewährleistet. Der Digitalisierungsgrad wird in der Selbsteinschätzung überwiegend als durchschnittlich bis hoch eingeschätzt (MW = 3,26; SD = 0,73), während extrem niedrige Werte kaum vorkommen. Ergänzend fällt auf, dass der Outsourcing-Anteil bei den meisten Häusern hoch ist (MW = 4,14; SD = 0,69), was die starke Abhängigkeit von externen IKT-Dienstleistern in der LSI-Landschaft unterstreicht.

Die allgemeine Wahrnehmung der DORA-Anforderungen weist ein deutliches Muster auf, das sich in den Kennzahlen klar ablesen lässt. Im direkten Vergleich zur BAIT stimmen die Befragten nahezu einhellig darin überein, dass DORA mit einem erheblich höheren Aufwand verbunden ist (MW = 4,57; SD = 0,76). Damit liegt der Mittelwert deutlich oberhalb des neutralen Skalenwertes 3, und die geringe Streuung verdeutlicht, dass es sich hierbei um eine weitgehend konsensuale Einschätzung handelt. Deutlich heterogener fällt die Einschätzung der Verständlichkeit der Vorgaben aus: Mit einem Mittelwert von MW = 2,98 (SD = 1,02) liegen die Urteile im neutralen Bereich, gleichzeitig weist die Standardabweichung auf erhebliche Unterschiede zwischen den Instituten hin. Während einige die Anforderungen nachvollziehbar finden, beurteilen andere sie als schwer verständlich.

Auch die Informationslage und die Unterstützung durch die Aufsicht werden mit einem Mittelwert von MW = 3,16 (SD = 1,02) lediglich im mittleren Bereich eingeordnet. Die hohe Streuung signalisiert, dass einzelne Institute offenbar von bestehenden Veröffentlichungen profitieren, während andere die fehlende Klarheit und späte Bereitstellung von Leitlinien als erhebliche Belastung wahrnehmen. In Bezug auf die Ressourcenlage zeigt sich ein klar kritisches Bild: Mit MW = 2,59 (SD = 0,94) liegt die Einschätzung signifikant unterhalb der Skalenmitte. Die Mehrheit der Institute hält die eigenen personellen und finanziellen Mittel für unzureichend, um die Anforderungen ohne Zusatzaufwand zu erfüllen.

Die Frage nach der Sinnhaftigkeit und Praxisorientierung von DORA wird ebenfalls differenziert beantwortet (MW = 3,06; SD = 1,13). Während ein Teil der Befragten die Zielrichtung und inhaltliche Ausgestaltung als sinnvoll anerkennt, empfindet eine nicht unerhebliche Zahl die Vorgaben als formalistisch oder praxisfern. Besonders prägnant fällt die Bewertung der Aufwand-Nutzen-Relation aus: Mit MW = 4,51 (SD = 0,61) geben die Institute fast geschlossen an, dass der wahrgenommene Aufwand in keinem angemessenen Verhältnis zum Nutzen steht. Auch hier verdeutlicht die geringe Streuung, dass die Belastungswahrnehmung nahezu einhellig geteilt wird. Ein ähnliches Bild zeigt sich bei der Einschätzung, dass DORA für kleinere Institute nur mit erheblichem Zusatzaufwand umsetzbar ist (MW = 4,74; SD = 0,60). Im Gegensatz dazu wird die Frage, ob DORA die Rahmenbedingungen kleinerer Institute ausreichend berücksichtigt, deutlich kritischer beantwortet (MW = 2,71; SD = 1,13). Damit bestätigt sich die Wahrnehmung, dass das Proportionalitätsprinzip zwar auf dem Papier verankert ist, in der Praxis aber nicht als wirksam erlebt wird. Abbildung 4.1 verdeutlicht die Belastungstreiber hinsichtlich der allgemeinen DORA-Wahrnehmung nochmals, indem die Mittelwerte der Items direkt gegenübergestellt werden.

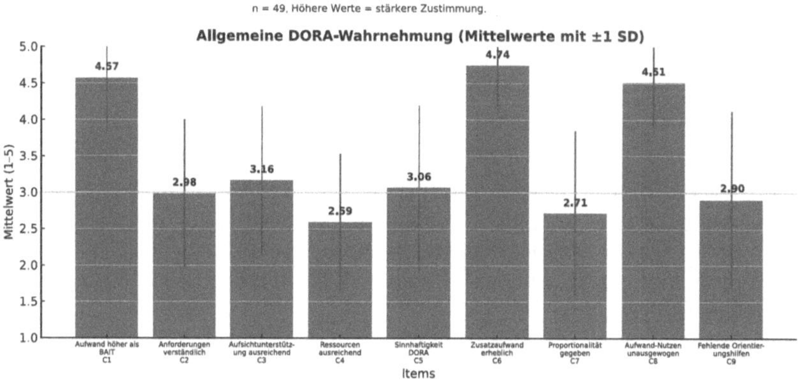

Abbildung 4.1 Mittelwerte der allgemein wahrgenommenen DORA-Belastungen. (Quelle: Eigene Darstellung)

Die methodische Fundierung der Skalen wurde durch Reliabilitätsprüfungen und Faktorenanalysen sichergestellt. In allen vier Themenblöcken lagen die Werte für Cronbachs Alpha oberhalb von 0,9 (IKT-Risikomanagement: $\alpha = 0{,}94$; IKT-Vorfälle: $\alpha = 0{,}92$; Resilienztests: $\alpha = 0{,}91$; Drittparteienmanagement: $\alpha = 0{,}96$) und damit auf einem exzellenten Niveau, sodass von einer sehr hohen internen Konsistenz der Items ausgegangen werden kann. Die Aggregation zu Summenskalen war folglich nicht nur methodisch gerechtfertigt, sondern bildet auch eine robuste Grundlage für die weiteren Analysen. Ergänzend wurden explorative Faktorenanalysen durchgeführt, die die inhaltliche Struktur der Blöcke näher beleuchteten. Für das IKT-Risikomanagement ergab sich eine zweidimensionale Struktur mit einer klaren Trennung zwischen Governance- und Strategieaspekten einerseits sowie technischen und operativen Anforderungen andererseits. Das Vorfallmanagement erwies sich hingegen als eindimensionales Konstrukt, das vor allem den Mehraufwand der Meldepflichten abbildet. Beim Testen der digitalen Resilienz konnten zwei Dimensionen identifiziert werden: die konzeptionelle Planung und das operative Testen. Besonders komplex zeigte sich das Management von IKT-Drittparteien, das sich in die drei Subdimensionen vertragliche Anforderungen und Registerpflichten, Steuerungs- und Kontrollprozesse sowie die Handhabung von Sub-Dienstleistern einschließlich Exit-Strategien gliederte.

Die Datenbasis ist somit sowohl in Bezug auf die Zusammensetzung der Stichprobe als auch hinsichtlich der Reliabilität der Messinstrumente solide. Ferner zeigt sich, dass die Wahrnehmung von DORA durchgängig von einer hohen Belastung geprägt ist. Besonders auffällig ist die nahezu geschlossene Einschätzung, dass DORA einen erheblich höheren Aufwand als BAIT verursacht und dass die Umsetzung für kleinere Institute unverhältnismäßig erscheint. Während Nutzen und Praxisorientierung von den Befragten durchaus teilweise anerkannt werden, dominieren Zweifel an der Proportionalität und Angemessenheit der Vorgaben. Die identifizierten Subdimensionen innerhalb der Skalen bieten zudem Hinweise darauf, dass die Institute die Anforderungen differenziert erleben und einzelne Facetten klar voneinander unterscheiden. Dieses empirische Fundament bildet die Ausgangsbasis für die detaillierte Untersuchung spezifischer Belastungsschwerpunkte, Einflussfaktoren und qualitative Einschätzungen in den nachfolgenden Kapiteln.

4.2 Belastungsschwerpunkte in den Themenblöcken

Die Analyse der vier thematischen Blöcke verdeutlicht, dass die Institute die Anforderungen von DORA durchgängig als hochgradig belastend empfinden, wenngleich die Schwerpunkte unterschiedlich ausfallen. Im Bereich des IKT-Risikomanagements bewegen sich die Mittelwerte zwischen 3,52 und 4,63. Besonders hoch ist die Belastung bei der regelmäßigen Überprüfung, Fortschreibung und Berichterstattung über IKT-Risiken, gefolgt von der geforderten Transparenz über IKT-Assets und deren Verknüpfung mit kritischen Funktionen sowie der Identifikation von Abhängigkeiten zwischen IKT-Komponenten und Geschäftsprozessen. Diese Werte zeigen nicht nur eine hohe durchschnittliche Zustimmung, sondern auch eine relativ geringe Streuung, was auf einen breiten Konsens hindeutet. Dagegen weist die Übertragbarkeit bestehender BAIT-Strukturen auf DORA-Anforderungen den geringsten Belastungswert auf. Die hohe Standardabweichung signalisiert, dass die Erfahrungen hier stark auseinandergehen. Während manche Institute offenbar auf bestehende Governance-Bausteine zurückgreifen können, fällt anderen die Anpassung schwer.

Noch deutlicher treten Belastungsspitzen im Themenfeld der IKT-Vorfälle und Meldepflichten hervor. Die Pflicht zur Erstmeldung innerhalb von vier Stunden wird nahezu einhellig als größte Herausforderung bewertet, dicht gefolgt von der Koordination von Initial-, Zwischen- und Abschlussmeldungen sowie der Einbindung externer IKT-Dienstleister in die Meldeprozesse. Die geringen Streuungen in diesen Items verdeutlichen den hohen Konsens unter den Befragten, dass die neuen Fristen und Abläufe erheblichen operativen Druck erzeugen. Im Gegensatz dazu zeigt die Einschätzung zur Einstufung als „schwerwiegend" eine deutlich größere Heterogenität. Hier divergieren die Wahrnehmungen je nach interner Auslegung oder Verfügbarkeit von Verbundrichtlinien.

Auch das Testen der digitalen Resilienz ist für die Institute mit hohen Belastungen verbunden. Die Mittelwerte bewegen sich zwischen 3,88 und 4,62. An der Spitze stehen die Anforderungen an die Auswertung und Protokollierung von Tests, einschließlich Maßnahmenplänen und Wiederholungstests, die Planung und Koordination interner wie externer Beteiligter sowie die Erstellung realistischer, DORA-konformer Testszenarien. Die vergleichsweise niedrigen Standardabweichungen in diesen Bereichen weisen auf einen hohen Konsens hin. Dagegen zeigt das Item zum Fehlen praxisnaher Leitlinien einen deutlich niedrigeren Mittelwert und zugleich die stärkste Streuung innerhalb des Blocks. Hier spiegelt sich wider, dass Institute mit Zugang zu Verbundtemplates oder anderen standardisierten Hilfen die Situation wesentlich günstiger einschätzen als solche, die stärker auf Eigenentwicklungen angewiesen sind.

Am stärksten belastend wird von den Befragten das Management von IKT-Drittparteien bewertet. Die Mittelwerte liegen zwischen 3,71 und 4,78 und weisen insgesamt die geringste Streuung auf, was auf einen hohen Grad an Übereinstimmung hindeutet. Besonders belastend empfinden die Institute die Erstellung und Pflege eines vollständigen Informationsregisters, die Erfassung und Bewertung von Subdienstleistern entlang der gesamten Leistungskette sowie die DORA-konforme vertragliche Ausgestaltung mit Aspekten wie Prüfrechten, Subdienstleisterketten und Exit-Strategien. Am unteren Ende des Belastungsspektrums liegt die Einschätzung, ob ein Dienstleister als „kritisch" einzustufen ist. Auch hier wird sichtbar, dass die Kriterien offenbar unterschiedlich interpretiert werden, je nachdem, welche Verbundrichtlinien oder Prüfungsmaßstäbe angewendet werden. Die Belastungsexposition durch die einzelnen DORA-Dimensionen wird ebenfalls anhand von Abbildung 4.2 visualisiert, welche die Belastungsintensität der verschiedenen Fragebogenitems gegenüberstellt.

Der direkte Vergleich der vier Themenblöcke verdeutlicht die unterschiedlichen Belastungsschwerpunkte. Auf aggregierter Ebene liegt der Block zum Management von Drittparteien mit einem Mittelwert von 4,55 an der Spitze,

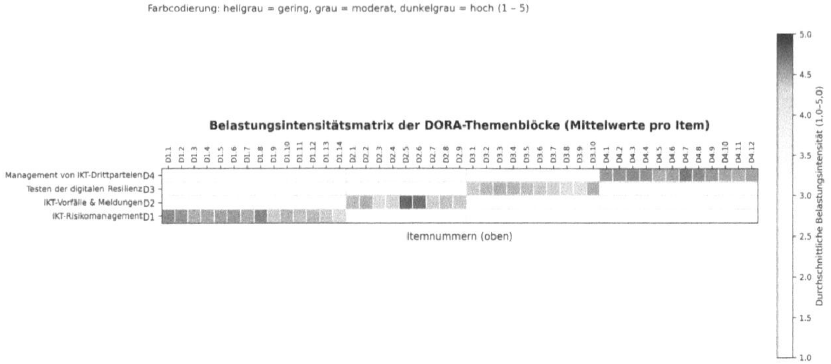

Abbildung 4.2 Heatmap über die Belastungsintensität in den DORA-Themenblöcken. (Quelle: Eigene Darstellung)

gefolgt vom Vorfallmanagement, den Resilienztests und dem Risikomanagement. Auch die Streuungswerte bestätigen diese Befunde: Während die Standardabweichung im Drittparteienmanagement mit 0,62 auf einen besonders hohen Konsens hindeutet, ist sie im Risikomanagement mit 0,83 am höchsten, was auf heterogene Erfahrungen und unterschiedlich ausgeprägte Umsetzungsansätze verweist.

Die Belastung durch DORA wird in allen vier Themenfeldern als hoch empfunden, die Schwerpunkte sind dabei aber unterschiedlich gelagert. Besonders stark und konsistent fällt die Belastung im Bereich der Drittparteiensteuerung aus, während die Vorgaben zu Vorfallmeldungen aufgrund des Zeitdrucks ebenfalls als massive Herausforderung gesehen werden. Resilienztests und Risikomanagement werden zwar ebenfalls als aufwändig erlebt, zeigen aber stärkere Unterschiede in den Wahrnehmungen, die sich womöglich auf vorhandene Verbundlösungen oder bereits etablierte Vorerfahrungen zurückführen lassen.

4.3 Einflussfaktoren auf die Belastungswahrnehmung

Die Analyse der Einflussfaktoren zeigt, dass sich die Belastungswahrnehmung durch DORA nicht eindimensional erklären lässt, sondern das Ergebnis eines komplexen Zusammenspiels von Institutsmerkmalen, Ressourcenentscheidungen und Projektstrategien ist. Unterschiede zwischen den Instituten werden deutlich, sobald die Daten nach Bilanzsumme, Verbundzugehörigkeit, Digitalisierungsgrad, Projektstart, Ressourcenausstattung und externer Beratung differenziert werden.

Ein erster Blick auf die Bilanzsummen verdeutlicht, dass Größe allein kein hinreichender Prädiktor für die Belastung ist. Die Kruskal-Wallis-Tests zeigen für drei der vier Themenfelder keine signifikanten Unterschiede: IKT-Risikomanagement ($H(2) = 3{,}88$; $p = 0{,}143$), Vorfallmanagement ($H(2) = 4{,}11$; $p = 0{,}128$) und Drittparteienmanagement ($H(2) = 5{,}94$; $p = 0{,}051$) liegen im nicht-signifikanten Bereich. Lediglich bei den Resilienztests ergibt sich ein signifikanter Effekt ($H(2) = 6{,}27$; $p = 0{,}044$). Post-hoc-Analysen verdeutlichen, dass insbesondere sehr kleine Institute mit einer Bilanzsumme von weniger als einer Milliarde Euro die Resilienztests als deutlich belastender wahrnehmen als mittlere Häuser ($z = -2{,}46$; $p = 0{,}043$). Damit lässt sich Hypothese H3, wonach kleinere LSIs insgesamt stärker belastet sind, nicht bestätigen. Die Ergebnisse legen jedoch nahe, dass in spezifischen Teilbereichen, wie den komplexen Resilienztests, sehr kleine Institute strukturell im Nachteil sind.

Deutlichere Unterschiede zeigen sich beim Vergleich von Verbund- und Nicht-Verbundinstituten. Über alle vier Themenfelder hinweg weisen Nicht-Verbundhäuser signifikant höhere Belastungswerte auf. So liegen die Mann-Whitney-U-Tests für das Risikomanagement ($U = 122$; $p = 0{,}018$), das Vorfallmanagement ($U = 130$; $p = 0{,}030$), die Resilienztests ($U = 111$; $p = 0{,}009$) sowie das Drittparteienmanagement ($U = 135$; $p = 0{,}036$) jeweils im signifikanten Bereich. Die Mittelwertunterschiede sind dabei konsistent: Während Verbundinstitute im Mittelwertebereich um 4,18 liegen, berichten Nicht-Verbundhäuser durchschnittlich 4,42 Punkte. Diese Differenz verdeutlicht, dass die Unterstützung durch Verbundlösungen, etwa in Form von Mustervorlagen, Richtlinien oder zentraler Beratung, einen spürbaren Entlastungseffekt entfaltet.

Ein weiterer signifikanter Faktor ist der Digitalisierungsgrad. Der Vergleich zwischen Instituten mit hohem und niedrigem Digitalisierungsgrad zeigt, dass besser digitalisierte Häuser durchweg geringere Belastungswerte berichten. Besonders ausgeprägt ist dieser Effekt bei den Resilienztests ($U = 181$; $p = 0{,}039$), wo Institute mit einem hohen Digitalisierungsgrad im Mittel spürbar niedrigere Belastungswerte aufweisen. Auch im Risikomanagement zeigt sich ein signifikanter Unterschied ($U = 187$; $p = 0{,}047$), während Vorfallmanagement ($p = 0{,}061$) und Drittparteienmanagement ($p = 0{,}073$) im Trendbereich liegen. Korrelationsanalysen bestätigen diese Befunde: Der Digitalisierungsgrad korreliert signifikant negativ mit der Belastung durch Resilienztests ($\rho = -0{,}31$; $p = 0{,}029$) und zeigt auch im Risikomanagement einen grenzsignifikanten negativen Zusammenhang ($\rho = -0{,}28$; $p = 0{,}060$). Damit wird deutlich, dass technologisch besser aufgestellte Institute im Vorteil sind, insbesondere bei komplexen Testverfahren, die sich stärker digital unterstützen lassen.

Auch der Zeitpunkt der Projektinitiierung erweist sich als entscheidender Faktor. Frühstarter, die sich bereits bis Ende 2023 mit DORA beschäftigt haben, berichten in allen Themenfeldern von signifikant geringerer Belastung. Die Mann-Whitney-U-Tests ergeben für das Risikomanagement ($U = 188$; $p = 0{,}027$), das Vorfallmanagement ($U = 192$; $p = 0{,}033$), die Resilienztests ($U = 178$; $p = 0{,}018$) und das Drittparteienmanagement ($U = 200$; $p = 0{,}041$) jeweils signifikante Unterschiede. Ergänzende Korrelationsanalysen verdeutlichen, dass ein früher Projektstart negativ mit den Belastungswerten zusammenhängt ($\rho = -0{,}34$ bis $-0{,}41$; alle $p < 0{,}05$). Zeit erweist sich damit als eine zentrale Ressource: Institute, die früh begonnen haben, konnten Arbeitsspitzen entzerren, externe Leitlinien abwarten und Synergieeffekte aus BAIT-Strukturen nutzen, während späte Starter unter massivem Termindruck stehen.

Ein besonders deutlicher Einflussfaktor zeigt sich ferner beim Outsourcing-Anteil der Institute. Die Korrelationsanalyse ergibt einen signifikant positiven Zusammenhang zwischen Auslagerungsintensität und wahrgenommener Belastung im Drittparteienmanagement ($\rho = +\,0{,}55$; $p < 0{,}001$; $n = 49$). Damit gilt, dass je mehr IKT-Dienstleistungen ausgelagert werden, desto stärker die Institute die DORA-Anforderungen in diesem Themenfeld als belastend empfinden. Diese Beziehung zwischen steigender Belastung je angegebenem Outsourcing-Anteil wird in Abbildung 4.3 dargestellt.

Einen ähnlich deutlichen Effekt zeigt die Ressourcenausstattung. Die Kruskal-Wallis-Tests ergeben signifikante Unterschiede zwischen den Gruppen ohne zusätzliche Ressourcen, mit Personalaufstockung, mit Budget und mit beiden Maßnahmen. Für alle vier Themenfelder, Risikomanagement ($H(3) = 8{,}44$; $p = 0{,}038$), Vorfallmanagement ($H(3) = 7{,}95$; $p = 0{,}047$), Resilienztests ($H(3) = 9{,}88$; $p = 0{,}020$) und Drittparteienmanagement ($H(3) = 10{,}12$; $p = 0{,}018$), sind die Unterschiede signifikant. Post-hoc-Tests zeigen, dass insbesondere Institute mit zusätzlichen Budget- und Personalressourcen deutlich geringere Belastungswerte berichten als Häuser ohne zusätzliche Mittel. Diese Ergebnisse werden durch Korrelationsanalysen bestätigt: Zwischen der Ressourcenausstattung und der Belastungswahrnehmung ergeben sich signifikant negative Zusammenhänge ($\rho = -0{,}31$ bis $-0{,}36$; $p < 0{,}05$). Ressourcen sind damit ein klarer Stellhebel zur Entlastung. Allerdings zeigt sich, dass nur die Kombination aus Personal und Budget die Belastung spürbar reduziert, während einzelne Maßnahmen weniger wirksam sind.

Die Rolle externer Beratung fällt dagegen heterogen aus. Zwar zeigt sich bei den Resilienztests ein schwach-mittlerer negativer Zusammenhang ($\rho = -0{,}27$; $p = 0{,}048$), insgesamt aber sind die Effekte uneinheitlich. Die Mann-Whitney-U-Tests ergeben in keinem der vier Themenfelder signifikante Unterschiede

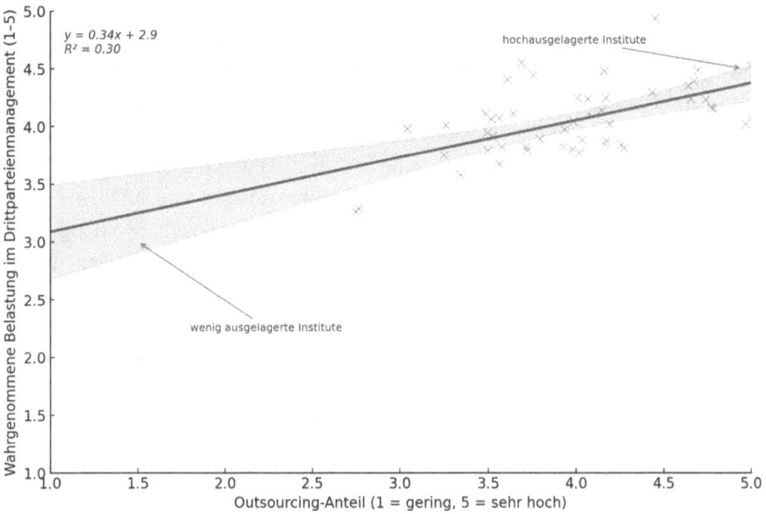

Abbildung 4.3 Outsourcing-Anteil und wahrgenommene Belastung im Drittparteienmanagement. (Quelle: Eigene Darstellung)

zwischen Instituten mit und ohne externe Beratung (alle $p > 0{,}05$). Dies deutet darauf hin, dass Beratungsleistungen zwar in Spezialbereichen wie Testdesigns hilfreich sein können, in der Breite aber nicht zu einer systematischen Entlastung führen.

Besonders aufschlussreich ist der Blick auf die Zusammenhänge zwischen Aufwand-Nutzen-Bewertungen, den Belastungsblöcken und deren Interkorrelationen. Der als unverhältnismäßig empfundene Aufwand korreliert hochsignifikant mit allen vier Belastungsblöcken ($\rho = 0{,}54$–$0{,}68$; $p < 0{,}001$). Institute, die den Aufwand-Nutzen-Effekt besonders kritisch einschätzen, berichten also durchgängig auch höhere Belastungen in allen Themenfeldern. Ebenso zeigen die vier Belastungsblöcke untereinander starke Zusammenhänge ($\rho = 0{,}69$–$0{,}81$; $p < 0{,}001$), was auf eine generelle Belastungshaltung hinweist: Wer in einem Feld hohen Aufwand erlebt, empfindet dies fast zwangsläufig auch in anderen Bereichen.

Die Hypothesenprüfung auf Basis der empirischen Ergebnisse ergibt ein differenziertes Bild. Hypothese H1, dass LSIs den Übergang von BAIT zu DORA als mit höherem Aufwand verbunden empfinden, wird klar bestätigt. Mit einem

Mittelwert von 4,57 (SD = 0,76) liegt die Zustimmung deutlich über dem neutralen Skalenwert und weist auf einen sehr starken Effekt hin. Hypothese H2, dass die größten Herausforderungen im Management von Drittparteien liegen, wird ebenfalls bestätigt: Mit einem Blockmittelwert von 4,55 liegt dieser Bereich signifikant über den übrigen Themenfeldern. Hypothese H3, dass kleinere LSIs stärker belastet sind, kann hingegen nicht bestätigt werden; die Belastung ist in allen Größenklassen hoch, lediglich bei den Resilienztests sind sehr kleine Institute überproportional betroffen. Hypothese H4, dass die neuen Meldepflichten den größten operativen Mehraufwand verursachen, bestätigt sich in den Detailanalysen: Insbesondere die 4-Stunden-Erstmeldung (MW = 4,71; SD = 0,55) und die Meldekaskade (MW = 4,66; SD = 0,60) stellen die Spitzenbelastungen dar. Schließlich wird Hypothese H5, dass ein Bedarf an regulatorischen Klarstellungen besteht, durch die qualitative Analyse klar gestützt. Institute fordern vorrangig eindeutigere Vorgaben in den Bereichen Dokumentation, Meldepflichten und Prüfanforderungen.

Die Belastungswahrnehmung durch DORA ist insgesamt stark von Strukturmerkmalen und Rahmenbedingungen geprägt. Während die Bilanzsumme allein keine hinreichende Erklärung liefert, zeigen sich deutliche Unterschiede zwischen Verbund- und Nicht-Verbundhäusern, zwischen Früh- und Spätstartern sowie in Abhängigkeit von der Ressourcenausstattung. Outsourcing-Intensität, fehlende Digitalisierung und unzureichende Ressourcen verstärken die Belastung, während Verbundunterstützung, hohe Digitalisierung und frühzeitige Projektplanung entlastend wirken. Damit liefert die Analyse ein differenziertes Bild der Einflussfaktoren, das verdeutlicht: Proportionalität kann nicht allein an der Größe eines Instituts festgemacht werden, sondern erfordert die Berücksichtigung mehrerer, kombinierter Determinanten.

4.4 Multivariate Analysen

Die bislang durchgeführten deskriptiven und bivariaten Auswertungen haben bereits gezeigt, dass die Belastungswahrnehmung der Institute durch verschiedene Faktoren geprägt wird. Um jedoch ein vollständigeres Bild zu erhalten, ist es notwendig, die gleichzeitige Wirkung mehrerer Einflussgrößen zu betrachten. Dies geschieht im Rahmen einer multiplen linearen Regressionsanalyse, ergänzt durch eine Clusteranalyse, die typische Belastungsmuster von Instituten sichtbar macht.

Im Regressionsmodell wurde der Gesamtbelastungsindex, der aus den vier Themenblöcken gebildet wurde, als abhängige Variable verwendet. Als erklärende Faktoren wurden Bilanzsummenkategorien, der Digitalisierungsgrad, der Outsourcing-Anteil, die frühzeitige Projektinitiierung sowie die Bereitstellung zusätzlicher Ressourcen in Form von Budget oder Personal berücksichtigt. Das Modell weist eine insgesamt gute Passung auf, da es rund 47 Prozent der Varianz der Belastungswahrnehmung erklärt ($R^2 = 0{,}47$; adjustiertes $R^2 = 0{,}40$; $F(6{,}42) = 6{,}17$; $p < 0{,}001$). Damit lässt sich bereits ein erheblicher Teil der Unterschiede zwischen den Instituten durch die ausgewählten Variablen nachvollziehen. Die Ergebnisse zeigen sehr deutlich, dass der Outsourcing-Anteil den größten Einfluss auf die Belastung ausübt. Der standardisierte Regressionskoeffizient beträgt $\beta = 0{,}34$ ($SE = 0{,}07$; $t = 4{,}69$; $p < 0{,}001$). Je stärker ein Institut IKT-Dienstleistungen an externe Anbieter auslagert, desto höher ist der wahrgenommene Mehraufwand unter DORA. Konkret bedeutet dies, dass sich der Belastungsindex im Mittel um 0,34 Punkte erhöht, wenn der Outsourcing-Anteil auf der fünfstufigen Skala um eine Stufe steigt. Ein Institut, das beispielsweise von einer mittleren zu einer hohen Auslagerungstiefe übergeht, erfährt also eine deutliche Zunahme der empfundenen Belastung. Dieser Befund ist plausibel, da gerade stark ausgelagerte Häuser umfangreiche Register pflegen, Verträge anpassen und Subdienstleister kontrollieren müssen.

Einen klar entlastenden Effekt hat dagegen die Bereitstellung zusätzlicher Ressourcen. Institute, die sowohl Budget als auch Personal zur Umsetzung der Anforderungen bereitstellen konnten, berichten von signifikant niedrigeren Belastungswerten. Der Effekt beträgt $\beta = -0{,}21$ ($SE = 0{,}08$; $t = -2{,}55$; $p = 0{,}015$). Eine Doppelmaßnahme senkt den Gesamtindex im Mittel um rund 0,42 Punkte. Damit wird deutlich, dass gezielte Ressourcenentscheidungen ein zentraler Hebel sind, um die wahrgenommenen Belastungen zu verringern. Auch der Zeitpunkt des Projektstarts spielt eine Rolle. Institute, die bereits im Jahr 2023 mit der Umsetzung von DORA begonnen haben, weisen eine geringere Belastungswahrnehmung auf als jene, die erst 2024 oder später gestartet sind. Der Effekt ist $\beta = -0{,}17$ ($SE = 0{,}09$; $t = -1{,}89$; $p = 0{,}066$) und somit marginal signifikant. Frühstarter konnten Aufgaben offenbar besser entzerren, Synergien mit bestehenden Strukturen nutzen und Leitlinien der Aufsicht abwarten, bevor die Umsetzungsarbeit in die heiße Phase ging. Besonders interessant ist der Einfluss der Institutsgröße. Während in den bivariaten Analysen die Hypothese verworfen wurde, dass kleinere Institute durchweg stärker belastet sind, zeigt sich im Regressionsmodell ein anderes Bild. Wenn für Outsourcing, Ressourcen und andere Faktoren kontrolliert wird, berichten kleine und sehr kleine Institute signifikant höhere Belastungswerte als mittlere Häuser. Für kleine Institute beträgt der

Effekt β = + 0,29 (SE = 0,11; t = 2,61; p = 0,013) und für sehr kleine Institute β = + 0,43 (SE = 0,15; t = 2,87; p = 0,007). Dieser Befund verdeutlicht, dass sich Größenunterschiede erst dann klar zeigen, wenn andere Rahmenbedingungen berücksichtigt werden. Mit anderen Worten: Viele größere Institute sind besser digitalisiert oder besser ausgestattet, was ihre Belastung reduziert. Rechnet man diese Vorteile heraus, wird die strukturelle Benachteiligung kleinerer Häuser sichtbar. Der Digitalisierungsgrad, der in den bivariaten Analysen noch deutliche Effekte zeigte, verliert im Gesamtmodell an Bedeutung und bleibt ohne statistische Signifikanz (β = –0,06; SE = 0,05; t = –1,22; p = 0,229). Offenbar korreliert ein hoher Digitalisierungsgrad mit anderen entlastenden Faktoren, etwa einer besseren Ressourcenausstattung oder einem frühen Projektstart, sodass sein eigenständiger Einfluss im Zusammenspiel abgeschwächt wird.

Neben der Regressionsanalyse wurde eine Clusteranalyse durchgeführt, um typische Belastungsprofile von Instituten zu identifizieren. Abbildung 4.4 veranschaulicht den Vergleich der Cluster A, B und C auf Basis der Mittelwerte der vier DORA-Themenblöcke.

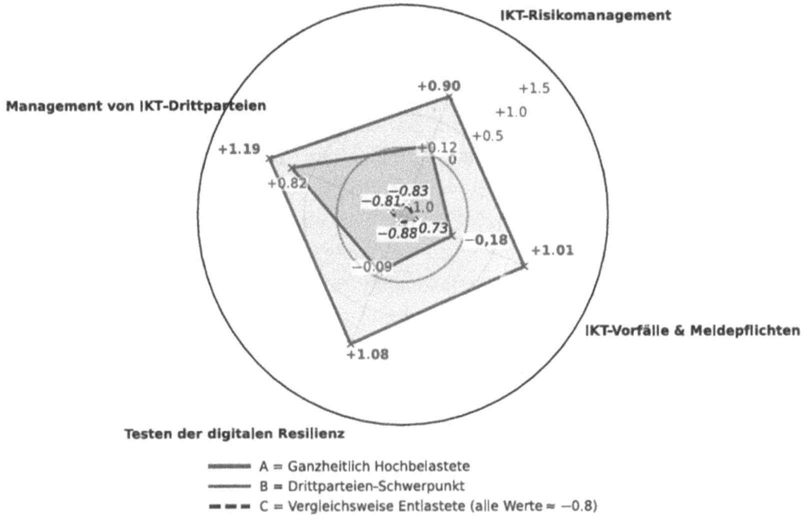

Abbildung 4.4 Clusterprofile der LSIs nach DORA-Belastungsdimensionen. (Quelle: Eigene Darstellung)

Grundlage hierfür bildeten die z-standardisierten Werte der vier Themenblöcke. Das Ergebnis war eine Dreiclusterlösung, die sich sowohl im Dendrogramm als auch anhand der Silhouettenwerte als stabil erwies (Silhouettenkoeffizient = 0,46). Cluster A umfasst 20 Institute (41 % der Stichprobe) und lässt sich als „ganzheitlich hochbelastet" charakterisieren. Diese Häuser liegen in allen vier Themenfeldern deutlich über dem Mittelwert (durchschnittliche z-Werte: Risk + 0,90; Incidents + 1,01; Tests + 1,08; Third-Parties + 1,19). Es handelt sich typischerweise um kleine bis sehr kleine Institute mit hohem Outsourcing-Anteil, spätem Projektstart und einer unzureichenden Ressourcenausstattung. Für diese Gruppe besteht das höchste Risiko, durch die Anforderungen von DORA überfordert zu werden. Cluster B, bestehend aus 14 Instituten (29 %), weist einen spezifischen Belastungsschwerpunkt im Bereich Drittparteienmanagement auf (durchschnittlicher z-Wert + 0,82). Während die übrigen Themenfelder im Durchschnitt liegen, sind die Anforderungen an Verträge, Informationsregister und Subdienstleistersteuerung in diesem Cluster besonders stark ausgeprägt. Charakteristisch ist hier, dass die Institute häufig über Verbundunterstützung verfügen und den Projektstart frühzeitig angegangen sind, wodurch sie Belastungen in anderen Feldern besser abfedern konnten. Cluster C schließlich umfasst 15 Institute (30 %) und repräsentiert die „vergleichsweise entlasteten" Häuser. Diese Institute berichten durchweg unterdurchschnittliche Belastungswerte (z-Werte: Risk –0,83; Incidents –0,73; Tests –0,88; Third-Parties –0,81). Auffällig ist, dass sie typischerweise größer sind, über eine hohe Digitalisierung verfügen, frühzeitig mit der Umsetzung begonnen haben und sowohl Budget- als auch Personalressourcen bereitstellen konnten. Für diese Gruppe ist die Umsetzung von DORA offenbar deutlich besser beherrschbar. Die Kontextprüfung bestätigt diese Profile. Unterschiede zwischen den Clustern sind statistisch signifikant für die Bilanzsumme (Kruskal-Wallis H = 8,92; p = 0,012), den Outsourcing-Anteil (H = 10,44; p = 0,005) und die Ressourcenausstattung (χ^2 = 12,31; p = 0,002). Unterschiede im Digitalisierungsgrad und beim Projektstart sind zwar sichtbar, erreichen aber kein signifikantes Niveau.

Zum einen verdeutlichen die multivariaten Analysen in Form der Regressionsanalyse, dass Outsourcing und Ressourcen die entscheidenden Stellgrößen sind, während Größe und Projektstart ebenfalls wichtige, aber sekundäre Faktoren darstellen. Zum anderen macht die Clusteranalyse deutlich, dass die Belastung nicht homogen verteilt ist, sondern sich auf drei typische Gruppen konzentriert. Beide Verfahren ergänzen sich, da die Regression die Wirkung einzelner Faktoren isoliert, während die Clusteranalyse Kombinationen von Merkmalen sichtbar macht. Gemeinsam liefern sie ein differenziertes Bild davon, wie sich die Belastung in der Praxis manifestiert, und verdeutlichen, dass Proportionalität nicht allein über die Bilanzsumme gesteuert werden kann, sondern verschiedene strukturelle und organisatorische Merkmale berücksichtigt werden müssen.

4.5 Qualitative Ergebnisse

Die qualitative Analyse der Freitextantworten wurde getrennt nach den ersten beiden offenen Fragen vorgenommen. Grundlage bildete die qualitative Inhaltsanalyse nach Mayring, die deduktive Kategorien aus der Forschungsfrage mit induktiven Erweiterungen kombinierte. Für jede sinntragende Textpassage wurde eine Paraphrase erstellt, einer Kategorie zugeordnet und in einer Auszählmatrix erfasst. Zur besseren Nachvollziehbarkeit werden Häufigkeiten und exemplarische Originalzitate angegeben. Die dritte offene Frage nach weiteren Anregungen erbrachte keine relevanten Antworten und wurde daher nicht berücksichtigt.

Bei der ersten offenen Frage nach den zentralen Herausforderungen („Worin sehen Sie die zentralen Ursachen für die Herausforderungen bei der Umsetzung der DORA-Anforderungen in Ihrem Institut?") konnten 35 verwertbare Antworten ausgewertet werden, was einer Responsequote von 71 Prozent entspricht. Am häufigsten wurden fehlende Ressourcen (57 %) sowie der hohe Dokumentationsaufwand (51 %) genannt. In gleicher Häufigkeit wurde auch das Thema Aufsichtsunterstützung bzw. Interpretationsspielräume (51 %) adressiert, was verdeutlicht, dass die Institute sich durch späte oder unklare Vorgaben stark belastet fühlen. Weitere häufige Aspekte waren Zeitdruck (26 %) und Drittparteienmanagement (23 %), die vor allem im Zusammenhang mit den engen Fristen und der Abhängigkeit von externen Dienstleistern genannt wurden. Seltener, aber dennoch relevant, traten Kritik an der mangelnden Proportionalität (17 %) an Prüfanforderungen (11 %) und an interner Koordination (6 %) auf. Lediglich eine Nennung (3 %) betraf die Meldepflichten, diese jedoch mit hoher Praxisrelevanz: Ein Institut betonte den zusätzlichen Aufwand durch Bereitschaftsdienste am Wochenende. Zitate wie „Von der Geschäftsleitung wurden keine zusätzlichen Ressourcen zur Verfügung gestellt" oder „Viel Interpretationsspielraum, z. B. was überhaupt ein IKT-Asset ist" verdeutlichen die Spannbreite der wahrgenommenen Probleme. Zusammenfassend lässt sich feststellen, dass die Institute die Umsetzung von DORA weniger als fachliche, sondern vor allem als ressourcenbezogene und organisatorische Herausforderung begreifen. Besonders kritisch sind die Kombination aus Personal- und Budgetengpässen, umfangreicher Dokumentationspflicht und mangelnder regulatorischer Klarheit.

Die zweite offene Frage zielte auf mögliche Erleichterungen und Klarstellungen ab („Was würde Ihnen die Umsetzung von DORA konkret erleichtern bzw.

wo sehen Sie besonderen Klarstellungsbedarf?"). Hierauf gingen 26 verwertbare Antworten ein, was einer Responsequote von 53 Prozent entspricht. Besonders häufig genannt wurden klare und frühzeitige Aufsichtsunterstützung (42 %), gefolgt von Forderungen nach konsolidierter Dokumentation (31 %) sowie einer stärkeren Berücksichtigung des Proportionalitätsprinzips (31 %). Darüber hinaus wünschten sich 19 Prozent der Befragten konkrete Templates und Standards, die als praxisnahe Umsetzungshilfen dienen könnten. Weitere Kategorien waren Bürokratieabbau (15 %), klar definierte Prüfanforderungen (15 %), Klarstellungen im Drittparteienmanagement (15 %) sowie spezifische Vorschläge wie aggregierte Meldungen im Verbund (8 %). Zitate wie „Für die Umsetzung wäre es hilfreich, wenn 12 Monate vor Gültigkeit völlige Klarheit bestünde, was genau gewollt ist" oder „Zentrale Zurverfügungstellung von Mustern für die Bewertung von Dienstleistern" unterstreichen die praktischen Erwartungen an Aufsicht und Verbände. Auffällig ist, dass klassische Ressourcenforderungen (4 %) nur am Rande genannt wurden. Die Institute sehen den Schlüssel zur Entlastung weniger in zusätzlichen Mitteln als in besserer regulatorischer Steuerung.

Die Kombination beider Fragestellungen zeigt ein konsistentes Bild, welches graphisch in Abbildung 4.5 dargestellt wird.

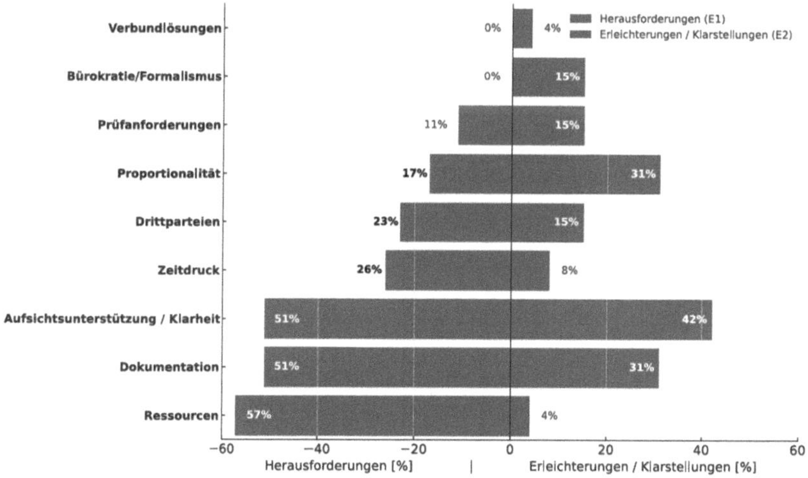

Abbildung 4.5 Prozentualer Vergleich der qualitativen Hauptkategorien aus den Freitextfragen. (Quelle: Eigene Darstellung)

Während die Herausforderungen überwiegend in Ressourcenknappheit, Dokumentationslast und fehlender Aufsichtsunterstützung gesehen werden, beziehen sich die gewünschten Erleichterungen vorrangig auf klarere und einheitlichere Rahmenbedingungen. Mit anderen Worten: Die Institute fordern weniger interne Hilfe, sondern vor allem externe Orientierung durch verbindliche Leitlinien, proportionalere Vorgaben und standardisierte Werkzeuge. Damit ergänzen die qualitativen Befunde die quantitativen Ergebnisse, indem sie die wahrgenommenen Belastungsschwerpunkte durch konkrete Beispiele illustrieren und normative Erwartungen an Aufsicht und Verbände sichtbar machen.

5 Bewertung der Befunde

Im Gegensatz zu den empirischen Befunden, die im vorherigen Kapitel im Mittelpunkt standen, liegt der Fokus nun auf einer systematischen Interpretation dieser Befunde, der Analyse ihrer praktischen Umsetzungshürden und der Entwicklung von Proportionalitätsansätzen aufbauend auf diesen Erkenntnissen. Im Rahmen der Analyse erfolgt eine Verdichtung der Daten, die eine fundierte Grundlage für die Ableitung von Schlussfolgerungen bildet. Zudem werden die Erkenntnisse in einen normativen und strategischen Kontext überführt, um eine fundierte Grundlage für die Entwicklung von Maßnahmen zu schaffen.

5.1 Analytische Deutung der Befunde

Die vorliegenden Befunde zeigen eine deutliche Tendenz, die sich zu einem konsistenten Gesamtbild zusammenfügen lässt, in dem DORA in der LSI-Praxis als substanzielle Mehrbelastung gegenüber der bisherigen BAIT-Logik erlebt wird. Dies erfolgt konsistent über alle vier Kernbereiche IKT-Risikomanagement, Vorfallmanagement, Resilienztests und Drittparteiensteuerung.[1] Die signifikant hohen Zustimmungswerte zu „höherem Aufwand" bei gleichzeitig niedriger Varianz und die deutliche Einschätzung, der Aufwand stehe derzeit nicht im Verhältnis zum Nutzen, markieren eine nahezu einhellige Wahrnehmung. Zugleich fällt die Bewertung von Verständlichkeit und Aufsichtsunterstützung heterogen aus.[2] Die interne Konsistenz der Skalen ist methodisch äußerst valide und stützt

[1] Vgl. Abschn. 4.2, S. 43 f.

[2] Vgl. Abschn. 4.5, S. 54.

O. Michelmann, *DORA und LSI-Banken*, Business, Economics, and Law,
https://doi.org/10.1007/978-3-658-51102-9_5

die Tragfähigkeit der Muster. Die explorativen Faktorenanalysen zeigen keine zufälligen, sondern inhaltlich plausibel strukturierte Subdimensionen. Es lässt sich demnach eine „generelle Belastungshaltung" identifizieren, die über einzelne Themenfelder hinausreicht und in ihrer Tendenz eine blockübergreifende Wirkung zeigt.[3]

Die vorliegende Untersuchung zeigt, dass die Belastung im Management von IKT-Drittparteien besonders ausgeprägt ist.[4] Der Spitzenplatz des Blockmittels sowie die geringen Streuungen bei Informationsregister, Subdienstleister-Transparenz und vertraglichen Mindestinhalten belegen, dass Institute diese Anforderungen als gleichermaßen aufwändig und wenig ausweichbar erleben.[5] Inhaltlich besteht eine Korrespondenz mit der DORA-spezifischen Ausweitung des Anwendungsbereichs auf „alle IKT-Leistungen" und der Formalisierung von Register- und Vertragsanforderungen, die über die BAIT-Praxis hinausgehen.[6] Die Zielsetzung von DORA, eine Harmonisierung und Verbindlichkeit zu erreichen, bedingt in LSIs Skalennachteile.[7] Ein Beispiel ist die Erzwingung einer tiefen, häufig toolgestützten Zentralisierung von Daten und Lieferketteninformationen, die bislang verteilt oder informell gehalten wurden. Die empirische Evidenz zeigt eine signifikante Korrelation zwischen der Effektivität des Outsourcing-Grades und der resultierenden Drittparteienbelastung. Diese Korrelation bestätigt die zugrunde liegende strukturelle Logik, die besagt, dass eine zunehmende Reduzierung der Eigenfertigungstiefe mit einer erhöhten Drittparteienbelastung einhergeht.[8]

Im Vorfallmanagement manifestiert sich der operative Druck in der Vier-Stunden-Erstmeldung sowie der Kaskade aus Initial-, Zwischen- und Abschlussmeldungen.[9] Die nahezu uneingeschränkte Zustimmung zu deren Belastungswirkung lässt auf enge Zeit- und Koordinationszwänge schließen, die in kleinen Häusern ohne 24/7-Ressourcen besonders spürbar sind. Die eindimensionale Skalenstruktur legt nahe, dass Institute den End-to-End-Prozess als untrennbare Einheit wahrnehmen.[10] Partielle Entlastungen werden daher erst dann Wirkung entfalten, wenn Meldekriterien, Meldewege, Dienstleistereinbindung und interne

[3] Vgl. Abschn. 4.4, S. 50 f.
[4] Vgl. Abschn. 4.2, S. 44.
[5] Vgl. Abschn. 4.2, S. 44 f.
[6] Vgl. Abschn. 4.5, S. 53 f.
[7] Vgl. Abschn. 4.3, S. 45–48.
[8] Vgl. Abschn. 4.3, S. 47 f.
[9] Vgl. Abschn. 4.2, S. 44.
[10] Vgl. Abschn. 4.2, S. 44 f.

Eskalation in einem konsistenten Gesamtdesign adressiert werden. Die Ergebnisse weisen darauf hin, dass ein früher Projektstart die Belastung signifikant reduziert. Dies deutet darauf hin, dass Zeit eine kritische Ressource ist, um neue Routinen, Bereitschaften und Schnittstellen zu etablieren.[11]

Im Rahmen des Testens der digitalen Resilienz ist eine Trennung der faktorialen Struktur zwischen konzeptioneller Planung und operativer Durchführung festzustellen.[12] Diese Zweiteilung lässt sich durch die Tatsache erklären, dass sehr kleine Institute die Tests signifikant belastender bewerten. Oft mangelt es den betreffenden Personen sowohl an den Kapazitäten für die realitätsnahe Konzeption von Szenarien als auch für eine koordinierte Durchführung und Nachbereitung.[13] Der negative Zusammenhang zwischen Digitalisierungsgrad und Belastung in diesem Block stützt die Hypothese, dass Automatisierung, integrierte Testwerkzeuge und reifere Prozesslandschaften die wahrgenommene Last senken.[14] DORA agiert in diesem Kontext als sowohl treibende Kraft als auch Prüfstein. Sie etabliert einheitliche Mindeststandards und macht Skalenvorteile evident, wobei jedoch die Abwesenheit abgestufter Tiefen und Vorlagen zu einer Überforderung der kleinvolumigen Häuser führen kann, anstatt eine Lernkurve zu ermöglichen.[15]

Das IKT-Risikomanagement weist zwar im Vergleich das niedrigste Belastungsniveau auf, jedoch ist auch die Streuung am größten.[16] Die vorliegende Analyse der Daten ergibt eine inhaltliche Zweidimensionalität, die durch die Gegenüberstellung der Aspekte „Governance & Strategie“ und „technisch-operativer Aufwand“ gekennzeichnet ist. Diese Zweidimensionalität steht in Korrelation zu den Unterschieden in der Ausgangslage.[17] Es konnte beobachtet werden, dass Institute, die in der Lage waren, BAIT-Rahmenwerke adaptiv zu konsolidieren, geringere Belastungen verspüren. In den Fällen, in denen Transparenz über Assets, Abhängigkeiten und Berichterstattung neu aufgebaut werden muss, entsteht hingegen vor allem eine dokumentationsbedingte Last.[18] Die signifikante Erhöhung des Formalisierungsgrades durch DORA im Vergleich zu

[11] Vgl. Abschn. 4.3, S. 47.
[12] Vgl. Abschn. 4.4, S. 52 f.
[13] Vgl. Abschn. 4.5, S. 53.
[14] Vgl. Abschn. 4.3, S. 46 f.
[15] Vgl. Abschn. 4.2, S. 45.
[16] Vgl. Abschn. 4.2, S. 43.
[17] Vgl. Abschn. 4.1, S. 40 f.
[18] Vgl. Abschn. 4.5, S. 53 f.

BAIT kann als Erklärungsfaktor für die beobachtete Divergenz identifiziert werden, ebenso wie die häufig geäußerten Wünsche nach klaren Leitplanken und prüffesten Mindesttiefen.[19]

Die Ergebnisse der Vergleichs- und Korrelationsanalysen zeigen ein Bild einer „Proportionalitätslücke", die nicht eindimensional über die Bilanzsumme verläuft. Die Größe eines Unternehmens ist nur in Teilbereichen ein signifikanter Faktor. Deutlich robuster wirken hingegen die Verbundunterstützung, der frühzeitige Projektstart, zusätzliche Ressourcen und die IKT-Strukturindikatoren Digitalisierung und Outsourcing. Es konnte festgestellt werden, dass Verbundhäuser von Templates, Standardprozessen und zentralen Auslegungen profitieren, während Nicht-Verbund-Institute einen höheren Individualaufwand aufweisen.[20] Die Wirkung zusätzlicher Mittel wird als entlastend beschrieben, wenn diese in qualifizierte FTEs und Tools übersetzt werden. Reine Budgetposten ohne Personaleffekt werden als wirkungslos identifiziert. Externe Beratung erbringt nur selektiven Nutzen, insbesondere in komplexen Testdesigns. Dies spricht für eine gezielte, nicht pauschale Inanspruchnahme. Die vorliegenden Modelle indizieren demnach eine regulative sowie pragmatische Proportionalität, die sich an einer Mehrdimensionalität, die sich in erster Linie weniger an einer groben Größenheuristik als vielmehr an der Auslagerungstiefe, Digitalisierungsreife, Verbundeinbindung und Projektvorlauf orientiert.[21]

Die qualitative Inhaltsanalyse verankert diese Statistik in Alltagserfahrungen. Es herrschen vor allem die drei Faktoren Ressourcenknappheit, Dokumentationsaufwand und als spät bzw. uneinheitlich wahrgenommene Aufsichtsunterstützung vor.[22] Gewünschte Erleichterungen zielen auf frühere, eindeutige Leitlinien, prüffeste Klarstellungen, standardisierte Templates und echte, nicht nur deklaratorische Proportionalität. Es ist festzustellen, dass Forderungen nach „mehr Ressourcen" in der quantitativen Betrachtung hinter strukturellen Entlastungshebeln zurückstehen. In Bereichen, in denen klare Muster, Register-Standards und Konsistenz zu MaRisk/BAIT erwartet werden, wird Bürokratie als gestaltbar wahrgenommen.[23] Dies steht im Gegensatz zu strukturellen Kapazitätsgrenzen, die ohne Kooperations- oder Verbundlösungen schwer aufzulösen sind. Diese Ergebnisse stimmen mit den zuvor identifizierten Belastungsspitzen überein und

[19] Vgl. Abschn. 4.5, S. 53 f.

[20] Vgl. Abschn. 4.3, S. 46.

[21] Vgl. Abschn. 4.3, S. 46 f.

[22] Vgl. Abschn. 4.5, S. 53.

[23] Vgl. Abschn. 4.5, S. 53.

untermauern die Hypothese, dass Unsicherheit und Fragmentierung signifikante Faktoren für den Aufwand darstellen.[24]

In die Debatte über Regulierung übertragen, lässt sich folgern, dass DORA das Ziel eines einheitlichen Mindestniveaus erreicht, jedoch in der praktischen Umsetzung besonders dort Reibung erzeugt, wo Standardisierung ohne gleichzeitige Operationalisierung durch anerkannte Templates, Schwellen und Prüfkataloge erfolgt.[25] Für LSIs ist Proportionalität weniger eine Frage niedrigerer Schutzziele als eine der Prozess- und Nachweismindesttiefen. Entlastung kann erzielt werden, wenn die Verordnung ausdrücklich aufsichtsroutiniert abgestufte Varianten zulässt und diese mit Leben erfüllt. Die Befundlage deutet darauf hin, dass vereinfachte Meldeformate, modulare Registeranforderungen und Verbund-Aggregationen zu einer signifikanten Reduktion der Belastungswerte führen könnten.[26] Modellhafte Schätzungen weisen auf potenzielle Skalenpunkteffekte hin, ohne dabei die angestrebte Resilienz zu beeinträchtigen.[27]

5.2 Praktische Umsetzungshürden

Die praktischen Umsetzungshürden der DORA-Anforderungen treten entlang der operativen Wertschöpfungsketten deutlich konkreter in Erscheinung, als es die reine Befundlage vermuten lässt. Im Vorfallmanagement verdichtet sich eine Bündelung eng getakteter Prozessschritte zu einem Engpass, der nur begrenzt elastisch ist: Die vierstündige Erstmeldung, gefolgt von Initial-, Zwischen- und Abschlussmeldungen, generiert in kleinen Häusern eine Kombination aus einer 24/7-Erreichbarkeitsanforderung, Eskalations- und Freigaberoutinen sowie paralleler Ursachenanalyse.[28] Diese Konstellation ist in der Praxis nur mit einer hohen Koordinationsleistung beherrschbar. Die Analyse der Daten ergibt, dass die höchsten Belastungen in den Bereichen Fristwahrung und Meldungsabfolge sowie die Einbindung externer IKT-Dienstleister in den Meldeprozess auftreten. Die geringen Standardabweichungen in diesen Bereichen weisen darauf hin, dass es sich nicht um isolierte Einzelfälle, sondern um eine über Institute hinweg

[24] Vgl. Abschn. 4.2, S. 45.

[25] Vgl. Abschn. 4.5, S. 53 f.

[26] Vgl. Abschn. 4.2, S. 44 f.

[27] Vgl. Abschn. 4.4, S. 52 f.

[28] Vgl. Abschn. 4.2, S. 44.

homogene Umsetzungsbelastung handelt.[29] Aus der Streuung der Einschätzungen zur Schweregrad-Klassifizierung geht hervor, dass Interpretationsfragen und hausinterne Richtlinien den Aufwand und die Fehlervulnerabilität beeinflussen.[30] Dies deutet darauf hin, dass Zeitdruck und Bewertungsunsicherheit als Hürden wirken. Die Faktoranalyse stützt diese operative Wahrnehmung, indem sie das Vorfallmanagement als eindimensionales, untrennbares Konstrukt abbildet. Teilaufgaben werden im Alltag nicht isoliert, sondern als miteinander verkoppelte Pflichtsequenz erlebt, deren Engpässe sich wechselseitig verstärken.[31]

Das Testen der digitalen operativen Resilienz bedingt eine in zahlreichen LSIs bislang unübliche Verknüpfung von Szenario-Design, organisationsübergreifender Planung und realitätsnaher Durchführung. Die höchsten Belastungswerte entfallen auf die Auswertung und Protokollierung der Tests sowie auf die komplexe Koordination interner und externer Beteiligter, dicht gefolgt von der Erstellung belastbarer, DORA-konformer Testszenarien.[32] Hinter dieser Problematik steht nicht lediglich ein Volumenproblem, sondern vielmehr ein Strukturproblem. Die empirisch zweifaktorielle Gestalt des Themenblocks trennt deutlich zwischen „Test-Design & Planung" und „Durchführung & Nachbereitung", da dies zwei Phasen darstellt, deren Anforderungen unterschiedliche Kompetenzen, Datenlagen und Entscheidungspfade mobilisieren und die erst zusammen eine vollständige Nachweisführung ergeben.[33] Variierende Streuungen, etwa beim Fehlen praxisnaher Leitlinien, spiegeln zudem Pfadabhängigkeiten wider. Instituten, die über Verbund-Templates und etablierte Toolketten verfügen, wird eine geringere Reibung zugeschrieben als Institutionen, die Szenarien, Dokumentationsartefakte und Auswertungslogik erst etablieren müssen.[34] Praktisch entstehen die Hürden, wenn etwa technische Befunde nicht in prüffeste Lessons-Learned-Pakete übersetzt werden können oder wenn externe Dienstleister für Testeinbindungen disponibel gemacht werden müssen, ohne dass vertragliche Rahmen oder Ressourcen dies kurzfristig tragen.[35]

Im Management von IKT-Drittparteien ist die Diskrepanz zwischen DORA-Formalität und LSI-Skalennachteilen am evidentesten. Die Erstellung und Pflege

---

[29] Vgl. Abschn. 4.2, S. 44 f.

[30] Vgl. Abschn. 4.2, S. 44 f.

[31] Vgl. Abschn. 4.5, S. 54.

[32] Vgl. Abschn. 4.2, S. 44 f.

[33] Vgl. Abschn. 4.4, S. 52 f.

[34] Vgl. Abschn. 4.3, S. 46 f.

[35] Vgl. Abschn. 4.5, S. 54.

eines vollständigen Informationsregisters erfordert ein durchgängiges, systemgestütztes Mapping der Leistungsketten bis in Subdienstleister-Kaskaden hinein. Im weiteren Verlauf sind die Bewertung und Nachweisführung von Unterauftragnehmern sowie die DORA-konforme vertragliche Ausgestaltung (Prüfrechte, Sub-Kaskaden, Exit-Pläne) zu berücksichtigen. Auffällig ist der hohe Konsens über die Belastung in diesem Block, der sich aus den geringen Streuungen der Spitzenitems ebenso ablesen lässt wie aus dem im Themenvergleich höchsten Blockmittel.[36] Selbst kleinste Häuser sehen sich mit einem Pflichtenkatalog konfrontiert, der nur begrenzt miniaturisierbar ist. In der operativen Umsetzung impliziert dies, dass Vertragsrepositorien, Provider-Inventare und Risikoakten vielfach aus heterogenen Quellen (Bestandsverträge, Dienstleisterauskünfte, fachliche Register, Excel-Listen) in eine konsistente Datenlage überführt werden müssen, was ohne zentral verfügbare Referenzdokumente rasch zu einer Dauerbaustelle wird. Die faktorenanalytische Dreiteilung in „Vertrag & Dokumentation", „Steuerung & Kontrolle" sowie „Subdienstleister & Exitstrategie" verdeutlicht zudem, dass Institute simultan an juristischen, prozessualen und datenlogistischen Fronten arbeiten müssen.[37] Versäumnisse in einem Strang (etwa unvollständige Sub-Ketten) hebeln den Nachweis im anderen aus.

Im Bereich des IKT-Risikomanagements manifestieren sich weniger homogene, dafür differenziertere Hürdenprofile. Die größere Streuung der Belastungswerte verweist auf stark divergierende Ausgangslagen.[38] Einige Institute setzen auf funktionsfähige Governance-Routinen und BAIT-kompatible Dokumente, während andere die technische Transparenz (Asset-Inventare, Logging-Basis, Schlüssel- und Patch-Prozesse) und die formale Reporting-Taktung erst herstellen müssen. Der empirisch belegte Dualismus zwischen „Governance & strategischem Risikomanagement" einerseits und „technischer Umsetzung & operativem Aufwand" andererseits manifestiert sich in unterschiedlichen Engpässen.[39] Auf der Governance-Seite dominieren Klarstellungs- und Konsistenzbedarfe (strategische Verankerung, Risikotoleranzen, Schnittstellen zu Notfall- und Übungsregimen), auf der operativen Seite die Datengüte und Prozessreife (Abdeckungsgrade, Aktualitäts-SLAs, Tool-Integration). Die Ursache des Scheiterns liegt weniger in

[36] Vgl. Abschn. 4.2, S. 44 f.
[37] Vgl. Abschn. 4.4, S. 51 f.
[38] Vgl. Abschn. 4.1, S. 40 f.
[39] Vgl. Abschn. 4.4, S. 52.

der Existenz von Richtlinien, sondern in der Fähigkeit, diese in belastbare, revisionssichere Vorlagen mit einer angemessenen Erstellungs- und Pflegekurve zu überführen.[40]

In Querschnittanalysen lassen sich verschiedene Einflussfaktoren identifizieren, deren Wirkung auf den erforderlichen Aufwand bei der praktischen Umsetzung in unterschiedlicher Weise ausfällt. Die Intensität des Outsourcings stellt dabei den signifikantesten Faktor dar. Mit zunehmendem Fremdleistungsanteil steigen auch die Dokumentations-, Steuerungs- und Nachweispflichten in Drittparteien- und Meldeprozessen.[41] Dies stellt einen Zwiespalt dar, der die ursprünglich mit Auslagerungen angestrebten Skalenvorteile im regulatorischen Vollkostenbild teilweise kompensiert. Demgegenüber erweisen sich ein hoher Digitalisierungsgrad sowie ein sehr früher Projektstart als robuste Entlastungsfaktoren, insbesondere im Test- und Meldeumfeld. Dies ist darauf zurückzuführen, dass Automatisierung, Tool-Stapel und eingeübte Routinen die Taktungsspitzen und Abstimmungsbedarfe abflachen. Die Verbundunterstützung reduziert die Herausforderungen, die sich aus der Verwendung von Templates und gemeinsamen Auslegungsleitfäden ergeben, während Nicht-Verbund-Institute häufiger mit der Erbringung von Greenfield-Leistungen betraut sind. Dies resultiert in längeren Aufbauphasen und einer Zunahme an Reibung an Schnittstellen. Die Konsistenz dieser Muster sowohl in der bivariaten Korrelationsanalyse als auch in der multivariaten Perspektive wird durch die Auswertung gestützt. Die Ergebnisse liefern eine belastbare Erklärung dafür, warum praktisch identische Soll-Anforderungen zu sehr unterschiedlichen Ist-Aufwänden führen.[42]

In der täglichen Umsetzung ergeben sich Schwierigkeiten insbesondere in Situationen, in denen mehrere Pflichtstränge auf dieselben knappen Ressourcen zugreifen. Die Fragen der zeitnahen Bereitstellung belastbarer Incident-Unterlagen durch Dienstleister sowie des Wettbewerbs zwischen Resilienztests und IKT-Betrieb um verfügbare Wartungsfenster, Testdaten und Rückfallpläne stellen sich im Vorfallmanagement und der Drittparteiensteuerung.[43] Das Risikomanagement beansprucht dieselben Asset- und Prozessdaten, die für Register-, Test- und Meldenachweise benötigt werden. In einer Vielzahl von Häusern verstärkt die Fragmentierung der Werkzeuglandschaft diese Kopplungen, da Daten nicht ohne Medienbrüche zwischen CMDB, Vertragsmanagement, Ticketing, SIEM und Reporting transferiert werden können. Von praktischer Relevanz

[40] Vgl. Abschn. 4.5, S. 54.

[41] Vgl. Abschn. 4.3, S. 47 f.

[42] Vgl. Abschn. 4.3, S. 46–49.

[43] Vgl. Abschn. 4.2, S. 44 f.

sind schließlich auch die zeitlichen Überlagerungen, da die Implementierung von DORA-Projekten nicht in isolierter Umgebung, sondern in Koexistenz mit alternativen Reg-Vorhaben und periodischen Prüfungen erfolgt. Diese komplexe Umgebung tritt insbesondere in Instituten auf, die über keine dedizierten, interdisziplinären DORA-Teams verfügen, und resultiert in wiederkehrenden Konflikten um Prioritäten. Die hohe, weitgehend einhellige Einschätzung, der Aufwand stehe derzeit nicht im Verhältnis zum Nutzen, sowie die starke Zustimmung zur These, DORA sei für kleine Institute nur mit erheblichem Zusatzaufwand umsetzbar, fassen diese operative Erfahrung zugespitzt zusammen.[44]

5.3 Potenziale regulatorischer Proportionalität

Die empirischen Befunde legen nahe, dass die Belastungen aus der DORA-Umsetzung nicht gleichmäßig verteilt sind, sondern sich in spezifischen Engpassfeldern akkumulieren. In der vorliegenden Untersuchung wurden insbesondere die folgenden Bereiche als besonders kritisch identifiziert: das Meldewesen mit seinen engen Fristen und mehrfach gestaffelten Berichtsverpflichtungen, das Management von IKT-Drittparteien mit Register- und Vertragslasten, das Testen der digitalen Resilienz mit aufwendiger Szenarioentwicklung sowie die hohe Dokumentationsintensität im Risikomanagement.[45] Darüber hinaus sind Querschnittsprobleme zu berücksichtigen, wie parallele Regulierungspflichten, unscharfe Auslegungsvorgaben und fragmentierte Tool-Landschaften. Die vorliegenden Ergebnisse legen nahe, dass Proportionalität nicht als generische Erleichterung entlang von Bilanzsummenlinien konzipiert werden darf, sondern an der Stelle, an der die Belastung in der Praxis konkret entsteht, ansetzen muss.[46]

Im Rahmen der Untersuchung kann das Meldewesen als paradigmatisches Beispiel für überproportionale Lasten betrachtet werden. Gemäß der Vier-Stunden-Erstmeldung ist eine permanente Alarmbereitschaft erforderlich, welche für viele Institute mit den vorhandenen Personalressourcen aufwändig zu realisieren ist.[47] Darüber hinaus sind Initial-, Zwischen- und Abschlussberichte zu erstellen, die in kleinen Teams in enger Abfolge zu verfassen sind, während gleichzeitig Ursachenanalyse und Krisenreaktion stattfinden. Eine Möglichkeit

[44] Vgl. Abschn. 4.5, S. 53 f.

[45] Vgl. Abschn. 4.2., S. 45 f.

[46] Vgl. Abschn. 4.3, S. 49.

[47] Vgl. Abschn. 4.5, S. 53.

zur Entlastung läge in einer weiterentwickelten Materialitätsmatrix, die Kundenwirkung, Kritikalität und Dauer der Störung stärker berücksichtigt. Eine weitere Möglichkeit zur Differenzierung von Schwellenwerten könnte darin bestehen, für kritische Systeme eine Meldepflicht ab einer Ausfalldauer von mehr als vier Stunden einzuführen, während für nicht-kritische Systeme erst Ausfälle über 24 Stunden als meldepflichtig zu deklarieren wären. Demnach könnten kleinere Vorfälle und Wiederholungsereignisse beim selben Dienstleister in einem quartalsweisen Sammelbericht zusammengefasst und dokumentiert werden, während schwerwiegende Vorfälle weiterhin unverändert ad hoc gemeldet würden. In Ergänzung dazu könnten standardisierte Kurzmeldungen implementiert werden, die auf einer prägnanten Vorlage die wesentlichen Informationen zu Auswirkungen, Detektion und Maßnahmen enthalten. Diese Maßnahme würde dazu beitragen, eine hohe Anzahl an Kleinmeldungen zu reduzieren, ohne dabei die inhaltlichen Anforderungen an die Meldungen zu verwässern. Aus Proportionalitätsgesichtspunkten wäre es darüber hinaus vorteilhaft, den Fokus stärker auf die Dienstleister zu legen, damit Institute sich auf die Initialmeldung konzentrieren könnten, während Provider standardisierte Detailinformationen in einem abgestimmten Format nachreichen. Diese Vorgehensweise könnte die in der Umfrage vielfach kritisierte Lücke in der Meldekette schließen.[48]

Noch deutlicher als in anderen Bereichen tritt die Belastung im Management von IKT-Drittparteien hervor. Das in DORA geforderte Informationsregister gilt als besonders relevanter Belastungstreiber, weil es eine vollständige und laufend aktualisierte Erfassung sämtlicher IKT-Leistungen und der damit verbundenen Subdienstleister verlangt.[49] Besonders kleinere Institute sehen sich hier mit einem unverhältnismäßigen Aufwand konfrontiert, da ihnen oftmals zentrale Tools, standardisierte Templates oder die Ressourcen fehlen, um diese Anforderungen im notwendigen Detail nachzuhalten.[50] Ein möglicher Ansatz zur Entlastung wäre demnach die Beschränkung der Registerpflicht auf kritische oder wichtige Funktionen, anstatt sie auf sämtliche Dienstleister auszudehnen. Der Fokus würde sich somit auf die systemrelevanten Dienstleistungen richten, während die weniger bedeutsamen Anbieter von der Vollerfassung ausgenommen würden. Ein weiterer möglicher Proportionalitätsansatz könnte in der Einführung eines Modells sogenannter Trusted Vendors bestehen. In diesem Kontext könnte die Aufsichtsbehörde oder eine neutrale Instanz standardisierte Assurance-Pakete anerkennen, die bereits eine Bündelung der wichtigsten Nachweise beinhalten. Solche Pakete

[48] Vgl. Abschn. 4.5, S. 54.

[49] Vgl. Abschn. 4.2, S. 44 f.

[50] Vgl. Abschn. 4.3, S. 46.

würden beispielsweise geprüfte Kontrollberichte, eine transparente Übersicht über Subdienstleisterketten sowie belastbare Kennzahlen zur Resilienz enthalten. Für die Institute ergäbe sich daraus der Vorteil, dass sie nicht mehr sämtliche Informationen eigenständig zusammentragen müssten, sondern auf ein von zentraler Stelle bereitgestelltes und geprüftes Paket zurückgreifen könnten. Ihre eigene Aufgabe würde sich dann auf eine sogenannte Delta-Analyse beschränken. Diese würde nicht den gesamten Dienstleister erneut durchleuchten, sondern gezielt die Abweichungen zwischen dem standardisierten Paket und der konkreten Nutzung durch das Institut identifizieren. Praktisch hieße das, dass nur noch geprüft und dokumentiert werden müsste, welche Leistungen tatsächlich in Anspruch genommen werden, welche zusätzlichen Risiken sich daraus ergeben und wo institutsspezifische Ergänzungen oder abweichende Vertragsgestaltungen vorliegen. Damit würde der Kern der individuellen Verantwortung erhalten bleiben, zugleich aber die enorme Doppelarbeit, die heute entsteht, erheblich reduziert. Als weiterer proportionaler Baustein wäre denkbar, die Anforderungen an das Informationsregister stärker auf wenige, aber prüffeste Kernfelder zu konzentrieren und diese in digital standardisierter Form zu pflegen. Informationen, die ohnehin für mehrere Zwecke benötigt werden, könnten in einem „Once-Only"-Verfahren erhoben und anschließend für verschiedene Nachweiszwecke wiederverwendet werden. Damit würde die Konsistenz gestärkt, während zugleich Redundanzen vermieden würden. Schließlich sollte ein solches Trusted-Vendor-Modell nicht nur Verbundhäusern zugutekommen, die häufig auf zentrale Registerlösungen zurückgreifen können, sondern auch Nicht-Verbundinstituten in gleicher Weise offenstehen. Dies ließe sich über neutrale Plattformen oder gemeinsame Pools realisieren, die allen LSIs unter gleichen Bedingungen zugänglich wären.

Im Rahmen des Testens der digitalen Resilienz würde sich eine Entlastung vor allem durch Standardisierung und Staffelung ergeben. Die durchgeführte Befragung hat ergeben, dass die Aspekte der Szenarioentwicklung, Koordination und Protokollierung als besonders belastend empfunden werden.[51] Ein möglicher Ansatz könnte darin bestehen, eine geringe Anzahl an Basisszenarien verbindlich zu implementieren, die in jährlicher Rotation durchgeführt werden. Für sehr kleine Institute könnten vertiefte Tests in größeren Abständen vorgesehen werden. Zwischen den Volltests würden leichtere Übungen wie Table-Top-Formate oder Walkthroughs die Kontinuität sicherstellen. Parallel dazu sollte die Wiederverwendung vorhandener Evidenzen gestattet werden, etwa wenn geprüfte Herstellerreports oder sektorale Tests vorliegen. Dadurch wird verhindert, dass

[51] Vgl. Abschn. 4.2, S. 45.

Institute Ressourcen in Doppelprüfungen investieren. Die Bereitstellung standardisierter Playbooks mit gängigen Angriffsszenarien durch die Aufsicht könnte sich ferner als besonders wirkungsvoll erweisen. Die Entlastung der Konzeption sowie die Erhöhung der Vergleichbarkeit der Ergebnisse wären signifikante Vorteile, die sich aus einer Implementierung ergeben könnten.

Im Risikomanagement besteht die signifikanteste Unsicherheit in Bezug auf die Frage, welche Nachweistiefe bei Dokumentationspflichten tatsächlich erwartet wird. Eine Schwierigkeit, mit der viele Institute konfrontiert sind, besteht in der Entscheidung, ob eine prägnante, auf das Wesentliche reduzierte Darstellung ausreichend ist oder ob deutlich umfangreichere Unterlagen erforderlich sind.[52] Dies kann zu einer unproportionalen Überdokumentation führen, die Ressourcen bindet, oder zu einer erhöhten Gefahr, dass Aufsichtsprüfungen Mängel feststellen, weil die Unterlagen als zu knapp bemessen gelten. Ein möglicher Proportionalitätsansatz könnte demnach darin bestehen, dass die Aufsichtsbehörde für spezifische Kernpflichten eindeutige Mindesttiefen vorgibt. Denkbar wären etwa Zielgrößen für die Abdeckung im Asset-Inventar, Aktualitätskennzahlen für Patch- und Schwachstellenprozesse oder definierte Mindestdatensätze im Logging. Auf dieser Grundlage könnten wenige, klar strukturierte Richtlinien mit hinterlegten Messpunkten die bisher umfangreichen, oft redundanten Dokumentationen ersetzen. Ergänzend könnten Institute regelmäßig Kennzahlen berichten, die die Qualität der Umsetzung sichtbar machen, wie etwa die Quote verspäteter Patches, die Wiederanlaufzeiten kritischer Systeme oder den Anteil automatisiert erfasster Assets. Ein solcher Ansatz würde die Nachweisführung stärker an objektiven, messbaren Größen ausrichten und die Interpretationsspielräume deutlich verringern. Einerseits würde dies eine Überdokumentation vermeiden, andererseits erhielten Institute die Sicherheit, dass die erbrachten Nachweise den aufsichtsrechtlichen Anforderungen genügen.

Auch im IKT-Betrieb und im Change Management können verhältnismäßige Anpassungen zu spürbaren Entlastungen führen. Derzeit besteht die Grundregel, dass jegliche Änderung an Systemen oder Anwendungen mit demselben Dokumentationsaufwand erfasst werden muss, unabhängig davon, ob es sich um eine kritische Systemumstellung oder lediglich um eine geringfügige Routineanpassung handelt. Für kleinere Institute resultiert daraus eine besondere Belastung, da selbst einfache, risikoarme Änderungen denselben bürokratischen Prozess durchlaufen müssen wie sicherheitsrelevante Änderungen an Kernsystemen. Dies resultiert in einem vergleichsweise hohen Aufwand, der unabhängig

[52] Vgl. Abschn. 4.5, S. 53.

von der Qualität der Kontrolle und Erhöhung der Sicherheit entsteht. Ein möglicher Lösungsansatz, der sich an den Prinzipien der Proportionalität orientiert, könnte in der Implementierung einer Whitelist für sogenannte Niedrigrisiko-Changes bestehen. Gemäß dieser Liste wären Änderungen in einem vereinfachten Verfahren durchführbar, sofern spezifische Kontrollbedingungen erfüllt sind. Ein wesentlicher Aspekt ist dabei die Gewährleistung der Möglichkeit eines unmittelbar durchgeführten Rollbacks zu jedem Zeitpunkt. Des Weiteren ist eine eindeutige Separation der Entwicklungs- von den Produktionsumgebungen essenziell. Die Nachvollziehbarkeit jeder Änderung muss schließlich durch lückenloses Logging sichergestellt werden. Unter diesen Voraussetzungen wäre eine verschlankte Dokumentation ausreichend, während für risikobehaftete Systemänderungen weiterhin der volle Nachweisumfang gelten würde. Ein derartiges Vorgehen hätte für die Institute den Vorteil, dass die Vielzahl alltäglicher Routineänderungen mit deutlich weniger Bürokratie abgewickelt werden könnte. Die Aufsicht gewährleistet, dass für kritische Änderungen weiterhin vollständige Dokumentations- und Kontrollpflichten bestehen, sodass die Integrität und Nachvollziehbarkeit des Verfahrens nicht gefährdet wäre.

Über alle Themen hinweg zeigt sich Zeit als universeller Entlastungshebel.[53] Der in der Befragung nachgewiesene Vorteil einer frühen Befassung kann für Institute, die erst spät in die Umsetzung einsteigen konnten, zwar nicht real nachgeholt werden, jedoch kann er durch eine geeignete Gestaltung des Aufsichtsrahmens simuliert werden. Ein zentraler Ansatzpunkt wäre die Entwicklung von Roadmaps, die eine gestaffelte „Scharfschaltung“ einzelner Prüffelder vorsehen. In einer ersten Phase stünden die meldekritischen Prozesse sowie die grundlegende Registerführung im Vordergrund, während komplexere Anforderungen wie erweiterte Resilienztests, detaillierte Subdienstleistersteuerung oder tiefgehende Dokumentationspflichten in nachfolgenden Wellen aktiviert würden. Durch eine solche Staffelung erhielten Institute die Möglichkeit, sich nacheinander auf klar abgegrenzte Schwerpunkte zu konzentrieren, statt parallel in allen Themenfeldern gleichzeitig Prüfungsreife herstellen zu müssen. Die Aufsicht könnte diesen Prozess aktiv begleiten, indem sie für jede Stufe der Roadmap spezifische Guidance-Dokumente, FAQ-Sammlungen und Musterformate veröffentlicht, die den Instituten eine verlässliche Orientierung geben. Dadurch würde nicht nur die Umsetzung erleichtert, sondern auch das Problem der bislang vielfach beklagten Interpretationsunsicherheit entschärft.[54] Pilotprojekte, in denen einzelne Anforderungen testweise und in kleinerem Rahmen erprobt werden,

---

[53] Vgl. Abschn. 4.3, S. 47.

[54] Vgl. Abschn. 4.5, S. 53 f.

könnten als Lernplattform dienen, bevor sie verbindlich werden. Parallel dazu ließe sich durch eine temporäre Zurückhaltung bei aufsichtlichen Prüfungen in den ersten Monaten nach Inkrafttreten der Verordnung die faktische Befassungszeit verlängern. Instituten wird dadurch die Möglichkeit eröffnet, wertvolle Monate zu gewinnen, um ihre Prozesse zu stabilisieren und Nachweise prüfungssicher aufzubauen, ohne dabei dem unmittelbaren Druck einer formalen Feststellung ausgesetzt zu sein. Ein solcher Ansatz würde einen geordneten Roll-out von DORA schaffen, der sowohl die Belastungsspitzen bei den Instituten abmildert als auch die Arbeitslast der Aufsicht gleichmäßiger verteilt. Anstelle der simultanen Eröffnung sämtlicher Prüfbereiche könnte die Aufsichtsbehörde Schwerpunkte definieren, in denen zeitlich versetzt Prüfungen durchgeführt werden. Parallel dazu könnten thematische Auslegungshilfen publiziert werden. Für die Institute ergibt sich daraus nicht nur eine bessere Planbarkeit, sondern auch eine sachgerechte Möglichkeit, den Vorteil einer frühen Befassung nachträglich zu kompensieren. Gerade weil Zeit in den Daten als einer der stärksten Entlastungsfaktoren sichtbar wurde, stellt diese Form der Sequenzierung einen besonders wirksamen und vergleichsweise einfach umsetzbaren Proportionalitätsansatz dar, der die praktische Machbarkeit von DORA für kleine und mittlere Institute entscheidend erhöhen könnte.[55]

Darüber hinaus sind zwei Querschnittsaspekte von entscheidender Bedeutung für die Wirksamkeit von Proportionalität. Zunächst ist eine Harmonisierung der Regulierung erforderlich, um Mehrfachmeldungen und widersprüchliche Pflichten zu vermeiden.[56] Eine konsistente Verzahnung von DORA und bspw. den bestehenden Leitlinien zur Auslagerungssteuerung würde für LSIs einen spürbaren Entlastungseffekt bringen. Perspektivisch ließe sich das bankenaufsichtliche Meldewesen auf ein einheitliches Datenmodell wie BiRD/iReF umstellen, das eine „Once-Only"-Logik etabliert. Zweitens ist eine Abstufung nach Institutsgröße geboten.[57] Kleine und sehr kleine Institute sollten eine eigene Entlastungskategorie erhalten, die Frequenzen reduziert, Dokumentationsanforderungen verschlankt und Standardprozesse in längeren Intervallen zulässt. Dabei wäre es sinnvoll, innerhalb der Gruppe der LSIs nochmals zu differenzieren. Kleine Institute würden weiterhin alle Kernpflichten erfüllen, jedoch in reduzierter Tiefe oder mit geringerer Frequenz, etwa durch vereinfachte Meldeformate, jährliche statt halbjährliche Berichte oder abgespeckte Dokumentationsumfänge. Für sehr kleine Institute könnte hingegen eine Mindestanforderungslogik gelten, bei der sich die

[55] Vgl. Abschn. 4.3, S. 47.

[56] Vgl. Abschn. 4.5, S. 53 f.

[57] Vgl. Abschn. 4.5, S. 53.

Pflichten auf ein überschaubares Set an Kernvorgaben konzentrieren. Zu den erforderlichen Maßnahmen zählen insbesondere ein vereinfachtes Register mit einer reduzierten Anzahl an prüffesten Feldern, eine jährliche Risikoüberprüfung auf Basis definierter Kennzahlen sowie Basisübungen zur operativen Resilienz. Letztere sollten nicht jährlich, sondern in einem Intervall von etwa drei Jahren durchgeführt werden. Eine solche Staffelung würde die in der Befragung identifizierte Proportionalitätslücke gezielt schließen, da sie nicht an der Bilanzsumme, sondern an der tatsächlichen organisatorischen Leistungsfähigkeit ansetzt.

Nicht zuletzt bleibt die ungleiche Ausgangslage zwischen Verbund- und Nicht-Verbundinstituten ein zentrales Thema.[58] Während Verbundhäuser durch geteilte Templates, gemeinsame Register und standardisierte Prüfpfade entlastet werden, berichten Privatbanken von einem deutlich höheren Aufwand. Diese Ungleichheit lässt sich nicht vollständig kompensieren, ohne den Verbundnutzen zu entwerten. Gleichwohl könnte durch neutrale Plattformen oder Branchenpools erreicht werden, dass auch Nicht-Verbundinstitute Zugang zu standardisierten Assurance-Paketen, Prüfungen und Templates erhalten.

5.4 Strategische Implikationen

Aus den in Abschnitt 5.3 entwickelten Proportionalitätsansätzen geht hervor, dass die Schaffung von Proportionalität im Zusammenhang mit DORA kein Selbstläufer ist, sondern ein bewusst zu steuerndes Prinzip darstellt, das in der regulatorischen Architektur fest verankert werden muss, um Wirkung zu entfalten. Die strategische Herausforderung besteht darin, die aus der Untersuchung abgeleiteten Proportionalitätsmechanismen nicht als punktuelle Entlastungsmaßnahmen zu begreifen, sondern als Ausgangspunkt für eine grundsätzliche Neuausrichtung der aufsichtsrechtlichen Steuerung. Die Befunde der vorliegenden Arbeit legen nahe, dass regulatorische Belastungen nicht zufällig entstehen, sondern aus systemischen Strukturen resultieren, insbesondere aus unklaren Erwartungshorizonten, redundanten Berichtspflichten und fehlender zeitlicher Staffelung in der Umsetzung.[59] Die Aufsicht sollte diese Erkenntnisse als strategische Leitlinien interpretieren und sie gezielt in dauerhafte Steuerungsinstrumente transformieren. Das Ziel besteht in der Schaffung eines Regulierungsrahmens, in dem Proportionalität nicht erst als nachträgliches Korrektiv, sondern von Beginn an als integraler Bestandteil des regulatorischen Designs fungiert.

---

[58] Vgl. Abschn. 4.3, S. 46.

[59] Vgl. Abschn. 4.5, S. 53.

Eine zentrale strategische Implikation betrifft die Frage der Erwartungstransparenz. Die empirischen Ergebnisse der Untersuchung legen nahe, dass die vorhandene Unsicherheit bezüglich der erforderlichen Nachweistiefe ein wesentlicher Faktor für die Überdokumentation und die daraus resultierende Ineffizienz ist.[60] Aus strategischer Perspektive ist es daher essenziell, dass die Aufsicht den Übergang von prinzipienbasierten zu stärker kalibrierten Erwartungssystemen vollzieht. In diesem Zusammenhang ist es von entscheidender Bedeutung, dass Mindesttiefen, Kernkennzahlen und Nachweisarten standardisiert festgelegt werden. Die Standardisierung bedingt eine erhöhte Rechtssicherheit für LSIs und eine gleichzeitige Entlastung der Aufsicht, da Prüfungen auf nachvollziehbaren und vergleichbaren Kriterien basieren. Dadurch wird eine institutionelle Operationalisierung von Proportionalität erreicht, wodurch die Abhängigkeit von individuellen Prüferinterpretationen reduziert wird. Darüber hinaus ergeben sich aus den identifizierten Belastungsschwerpunkten, insbesondere im Meldewesen und im IKT-Drittparteienmanagement, die strategische Notwendigkeit, regulatorische Vereinfachung als strukturelles Ziel zu verankern.[61] Das in der Arbeit entwickelte Konzept der Materialitätslogik und das Prinzip „Once-Only" sollten demnach nicht nur als Einzelfalllösungen, sondern als Grundprinzip zukünftiger Regulierung dienen. Gemäß der Prämisse der Proportionalität konstituiert sich eine harmonisierte Aufsicht, welche Redundanzen zwischen DORA, NIS2, CRA und MaRisk gezielt abbaut und den Fokus auf die tatsächliche Risikoexposition statt auf formale Vollständigkeit legt. Eine solche Integration erfordert eine stärkere datenbasierte und digitale Steuerung von Aufsichts- und Meldeprozessen, um eine Optimierung der Informationsflüsse zwischen Behörden und Instituten zu bewirken.

Auch die in der Untersuchung hervorgehobene Zeitkomponente ist von erheblicher strategischer Bedeutung.[62] Der empirisch belegte Vorteil einer frühzeitigen Befassung kann von der Aufsicht genutzt werden, um die Einführung neuer Regelungen grundsätzlich zeitlich zu sequenzieren. Anstelle einer simultanen Aktivierung aller Verpflichtungen wird eine graduelle Implementierung unter klar definierten Roadmaps empfohlen, welche den Instituten planbare Übergangsfristen bieten. Aus strategischer Perspektive impliziert dies eine Abkehr vom „Big Bang"-Prinzip regulatorischer Einführung zugunsten eines iterativen Modells, das

[60] Vgl. Abschn. 4.5, S. 53 f.

[61] Vgl. Abschn. 4.2, S. 45.

[62] Vgl. Abschn. 4.3, S. 47.

Lernen und Anpassung ermöglicht. Derlei Mechanismen tragen nicht nur zu einer stabileren Umsetzungsqualität bei, sondern fördern auch das Vertrauen in eine berechenbare Aufsichtspraxis. Ein weiterer strategischer Implikationsbereich ergibt sich aus der in der Arbeit nachgewiesenen Heterogenität innerhalb der LSI-Landschaft.[63] Die Aufsicht sollte diese institutionelle Diversität zukünftig nicht nur statistisch erfassen, sondern sie als Grundlage für eine differenzierte Intensität der Aufsicht nutzen. Die in dieser Arbeit vorgeschlagene Staffelung zwischen kleinen und sehr kleinen Instituten könnte als Blaupause für eine systematische Einteilung von Aufsichtssegmenten dienen. Demnach würde die Proportionalität nicht mehr ad hoc über Ermessensspielräume, sondern über formalisierte Kategorien realisiert, die sich an den Faktoren Risikoprofil, Komplexität und Ressourcenlage orientieren.

Schließlich lassen sich aus den empirischen Ergebnissen strategische Schlussfolgerungen für die europäische Aufsichtsebene ableiten.[64] Die in dieser Arbeit identifizierten Herausforderungen, wie die Mehrfachregulierung, die fehlenden Auslegungshilfen sowie die uneinheitliche Prüfpraxis, resultieren aus einem mangelnden Gleichlauf zwischen europäischen und nationalen Vorgaben. Langfristig sollte Proportionalität deshalb nicht als nationales Feinkalibrierungsinstrument verstanden werden, sondern als gemeinsame europäische Steuerungslogik. Aufsichtsbehörden wie die EBA, die ESMA und die EIOPA sollten die in DORA angelegten Flexibilitäten institutionell fortentwickeln und durch technische Standards und Leitlinien eine einheitliche Anwendung in den Mitgliedstaaten fördern. Damit würde sichergestellt, dass Proportionalität kein deutscher Sonderweg bleibt, sondern zum Kernbestand einer europäischen Aufsichtskultur avanciert.

Proportionalität sollte somit nicht als Mittel zur Deregulierung, sondern als strategisches Steuerungsinstrument moderner Aufsicht in einem einzigartig gewachsenen nationalen Bankensystem verstanden werden. Sie ermöglicht eine differenzierte Anwendung gleicher Regeln auf heterogene Institute, sichert Ressourcenfokussierung und verbessert gleichzeitig die Aufsichtsqualität. Damit diese Wirkung entfaltet werden kann, muss die Aufsicht sie jedoch aktiv, durch klare Erwartungsdefinitionen, gestufte Prüfmechanismen, harmonisierte Regelwerke und gemeinsame Plattformen gestalten. In Anbetracht der Aussage von Mark Branson, die zu Beginn dieser Arbeit zitiert wurde, und jüngsten Entwicklungen im Kontext von aufsichtlichen Proportionalitätsmitteilungen,

---

63 Vgl. Abschn. 4.1, S. 40 f.

64 Vgl. Abschn. 4.5, S. 54.

nehmen die Entwicklungen hin zur Verankerung der Proportionalität als strategischem Leitprinzip der deutschen Aufsichtspraxis immer konkretere Form an. In einem solchen, von Proportionalitätsgedanken geprägten Rahmen, kann auch DORA seine intendierte Balance zwischen digitaler Resilienz und regulatorischer Machbarkeit tatsächlich erreichen.

6 Fazit und Ausblick

Das abschließende Kapitel dieser Arbeit fasst die zentralen Ergebnisse der Untersuchung zusammen, ordnet sie in den wissenschaftlichen Diskurs zur Proportionalität in der Bankenaufsicht ein und leitet daraus praxis- sowie aufsichtspolitische Handlungsempfehlungen ab. Es reflektiert die gewonnenen Erkenntnisse im Lichte der Forschungsfragen und zeigt auf, welche Implikationen sich daraus für die zukünftige Gestaltung des regulatorischen Rahmens ergeben.

6.1 Zentrale Ergebnisse

Die Untersuchung zeigt, dass die Umsetzung von DORA für LSIs mit erheblichen praktischen Herausforderungen verbunden ist. Die Mehrheit der befragten Institute bewertet die Verordnung als deutliche Zusatzbelastung gegenüber bestehenden Regelwerken, insbesondere der BAIT. Dabei resultiert die wahrgenommene Last weniger aus den Schutzzielen selbst, sondern vor allem aus der konkreten Ausgestaltung der Umsetzung im Rahmen von kurzen Fristen, umfangreichen Dokumentationspflichten, komplexen Nachweisen und unklaren Erwartungen zur erforderlichen Tiefe. Zwar wird das Ziel einer gestärkten digitalen Resilienz grundsätzlich geteilt, doch stehen Aufwand und Nutzen aus Sicht vieler Institute in einem Ungleichgewicht.

Die Belastung konzentriert sich auf drei zentrale Themenfelder: das Management von IKT-Drittparteien, das Meldewesen und das Testen der digitalen Resilienz. Besonders stark wirkt das Informationsregister als Haupttreiber, da die fortlaufende Erfassung und Bewertung sämtlicher Dienstleister und Subdienstleister für viele kleinere Institute organisatorisch kaum zu bewältigen ist. Im

O. Michelmann, *DORA und LSI-Banken*, Business, Economics, and Law,
https://doi.org/10.1007/978-3-658-51102-9_6

Meldewesen führen die Vier-Stunden-Erstmeldung und die mehrstufigen Berichtspflichten zu permanenter Alarmbereitschaft, während die Einbindung externer Dienstleister häufig an praktischen Grenzen scheitert. Auch im Bereich der Resilienztests werden Szenarioentwicklung, Testdurchführung und Nachbereitung als besonders ressourcenintensiv wahrgenommen.[1]

Zwischen den Instituten zeigen sich deutliche Strukturunterschiede.[2] Die Belastung hängt weniger von der Bilanzsumme als von organisatorischen Rahmenbedingungen ab: Auslagerungsintensität, Verbundunterstützung, Digitalisierungsgrad und Zeitpunkt des Projektstarts sind entscheidende Einflussfaktoren. Häuser mit frühzeitiger Befassung oder Zugang zu Verbundlösungen berichten signifikant geringere Belastungen, während unabhängige Institute stärker unter dem Eigenaufwand leiden. Damit erklärt sich die Varianz weniger durch Größe, sondern durch unterschiedliche Ausgangsbedingungen und Unterstützungsstrukturen.[3]

Insgesamt bestätigt die Studie eine deutliche Proportionalitätslücke. DORA verfolgt zwar das Ziel eines einheitlichen Resilienzniveaus, erzeugt durch ihren hohen Detaillierungsgrad jedoch eine Regulierungsintensität, die kleinere Institute überproportional trifft. Unklare Prüftiefen und redundante Dokumentationspflichten führen dazu, dass formale Nachweise häufig den eigentlichen Resilienzgewinn überlagern. Der Befund unterstreicht den Bedarf nach klaren Erwartungshorizonten, abgestuften Anforderungen und einer konsequenten Operationalisierung des Proportionalitätsprinzips innerhalb des DORA-Rahmens.

6.2 Wissenschaftliche Einordnung

Die vorliegende Arbeit leistet einen wissenschaftlichen Beitrag zur Diskussion um die Proportionalität in der Bankenaufsicht, indem sie dieses Prinzip erstmals empirisch auf den Bereich der IKT-bezogenen Regulierung überträgt. Obwohl Proportionalität im Kontext von Eigenkapitalanforderungen, Meldewesen oder Governance-Strukturen bereits erörtert wurde, existierte bislang kaum Forschung, die dieses Aufsichtsprinzip systematisch auf die Anforderungen digitaler Resilienz anwendet. Mit der DORA-Verordnung entsteht jedoch ein neues regulatorisches Feld, in dem sich Fragen nach der Angemessenheit und Umsetzbarkeit besonders drängend stellen. Die vorliegende Arbeit adressiert eine zentrale

[1] Vgl. Abschn. 4.2, S. 44 f.

[2] Vgl. Abschn. 4.3, S. 50 f.

[3] Vgl. Abschn. 4.3, S. 52 f.

wissenschaftliche Lücke, indem sie Proportionalität nicht mehr allein als juristische oder politische Leitidee betrachtet, sondern als empirisch messbare Größe, die anhand konkreter Belastungstreiber analysiert und bewertet werden kann. Die Untersuchung bewegt sich damit zwischen den Disziplinen Regulierungsökonomie, Aufsichtswissenschaft und Organisationsforschung. Proportionalität wird in diesem Kontext als ein dynamisches Gleichgewicht zwischen Regulierungsstringenz und operativer Umsetzbarkeit verstanden. Der wissenschaftliche Mehrwert liegt darin begründet, aufzuzeigen, wie sich dieses Gleichgewicht empirisch bestimmen lässt. Dies erfolgt nicht auf Basis normativer Annahmen, sondern durch die messbare Wirkung von Regulierung auf Strukturen, Prozesse und Ressourcen der beaufsichtigten Institute. Das Proportionalitätsprinzip erfährt in diesem Kontext eine Entwicklung, die es von einer abstrakten Formel zu einem überprüfbaren Steuerungsinstrument weiterführt. In der Folge wird die regulatorische Belastung sowohl in quantitativer als auch in qualitativer Hinsicht überprüfbar gemacht.

Schließlich erweitert die Arbeit den wissenschaftlichen Diskurs zur Regulierung digitaler Systeme im Finanzsektor, indem sie Proportionalität als konstitutives Element zukunftsfähiger Aufsichtspraxis interpretiert. In Zeiten zunehmender Technologisierung und Regulierungsverdichtung liefert sie Argumente dafür, dass Stabilität und Resilienz nicht durch maximale Detailtiefe, sondern durch kluge Differenzierung erreicht werden. Die vorliegenden Befunde legen nahe, dass Standardisierung, Reliance-Prinzipien und Klarheit über Erwartungstiefen als zentrale Hebel für eine wirksame und zugleich verhältnismäßige Regulierung zu betrachten sind. Die Arbeit positioniert sich somit an der Schnittstelle zwischen Wissenschaft und Praxis und bietet eine empirisch fundierte Grundlage, auf der künftige Forschungsarbeiten und politische Entscheidungen zur Weiterentwicklung von Proportionalität im digitalen Regulierungsrahmen aufbauen können.

6.3 Handlungsempfehlungen

Die Befunde zeigen, dass die Wirksamkeit von DORA maßgeblich davon abhängt, in welchem Maße die Aufsicht den rechtlichen Rahmen konkretisiert und operativ ausgestaltet. Ziel ist dabei keine Lockerung der Anforderungen, sondern eine intelligente Regulierung, die gleiche Schutzziele mit höherer Umsetzbarkeit und weniger Reibungsverlusten verbindet.

Ein zentrales Handlungsfeld betrifft die Klarstellung von Erwartungshorizonten und Prüftiefen. Ein wesentlicher Teil der Belastung resultiert nicht aus der

Verordnung selbst, sondern aus Unsicherheiten über Umfang und Tiefe der Nachweisführung. Die Aufsicht sollte daher verbindlich definieren, welche Kennzahlen, Dokumentationsstandards und Prüftiefen als ausreichend gelten. Ergänzend sind standardisierte Templates und Auslegungshilfen bereitzustellen, um redundante Nachweise zu vermeiden und ein einheitliches Verständnis zwischen Aufsicht, Prüfern und Instituten zu fördern. Ebenso wichtig ist eine strukturierte zeitliche Umsetzung. DORA verlangt die Einführung zahlreicher Prozesse, die nur gestaffelt realisierbar sind. Eine von der Aufsicht vorgegebene Roadmap mit priorisierten Themenfeldern und begleitenden Guidance-Dokumenten würde Belastungsspitzen abmildern, Lernkurven fördern und der Aufsicht eine gezielte Qualitätsbegleitung ermöglichen.

Darüber hinaus sollte die Aufsicht aktiv zur Harmonisierung der Regulierungslandschaft beitragen. Überschneidungen zwischen DORA, NIS2, CRA und MaRisk erhöhen Komplexität und Aufwand. Einheitliche Begriffe, abgestimmte Meldepflichten und das Prinzip der Once-Only-Erhebung könnten hier deutliche Entlastungen schaffen. Die Einführung digitaler Schnittstellen und standardisierter Datenmodelle würde zusätzlich helfen, Meldeprozesse zu automatisieren und Redundanzen zu vermeiden. Ein weiterer Hebel liegt im Umgang mit IKT-Drittparteien. Trusted-Vendor-Modelle oder zentrale Registerpools könnten geprüfte Nachweise zu häufig genutzten Dienstleistern bündeln. Institute würden so geprüfte Assurance-Pakete nutzen und sich auf institutsspezifische Prüfungen beschränken können; ein Ansatz, der vor allem kleinere Häuser spürbar entlasten und gleichzeitig die Datenqualität der Aufsicht verbessern würde.

Schließlich sollte Proportionalität auch institutionell verankert werden. Neben einer Differenzierung nach Komplexität und Risikoprofil sind abgestufte Entlastungskategorien für kleine und sehr kleine Institute zu definieren. Diese könnten geringere Prüffrequenzen, vereinfachte Dokumentationspflichten und reduzierte Meldeanforderungen vorsehen, um die regulatorischen Ziele mit einem vertretbaren Aufwand zu erreichen.

6.4 Methodische Limitationen

Die Aussagekraft der vorliegenden Untersuchung ist durch mehrere methodischen Limitierungen bedingt, die bei der Interpretation der Ergebnisse zu berücksichtigen sind. Diese Einschränkungen spiegeln typische Herausforderungen empirischer Forschungsmethoden wider. So wurde die Erhebung etwa als eine querschnittliche, standardisierte Online-Befragung konzipiert, die experimentelle oder longitudinale Elemente nicht beinhaltet. Die beobachteten Zusammenhänge, wie etwa die entlastende Wirkung eines frühen Projektstarts, lassen sich daher nur als Assoziationen interpretieren, nicht als kausale Effekte. Ebenso können unbeobachtete Einflussfaktoren, wie etwa die organisatorische Reife eines Instituts oder bereits vorhandene Digitalisierungsinitiativen, nicht vollständig ausgeschlossen werden. Die Untersuchung ist folglich geeignet, Richtungsaussagen abzuleiten und Muster zu erkennen, jedoch nicht dazu, eindeutige Ursache-Wirkungs-Beziehungen zu belegen.

Auch die Stichprobe unterliegt gewissen Einschränkungen, da sie mit 49 teilnehmenden Instituten zwar ein differenziertes Bild der deutschen LSI-Landschaft bietet, jedoch nicht probabilistisch gezogen ist und vor allem größere LSI-Institute nicht berücksichtigt. Die Rekrutierung über Verbände und Fachnetzwerke kann zu einer Selektion der Teilnehmer führen, da besonders belastete oder besonders gut organisierte Häuser eher zur Teilnahme neigen könnten. Die allgemeine Übertragbarkeit der Ergebnisse auf deutsche LSIs ist aufgrund der Zusammensetzung der nationalen Bankenlandschaft dennoch als insgesamt gut zu bewerten, wohingegen sie auf andere europäische Jurisdiktionen nur bedingt übertragbar ist.

Auf der Ebene der Messung ergeben sich weiterhin methodische Limitationen. Die Auswertung stützt sich auf Selbstauskünfte über standardisierte Likert-Skalen. Dabei wurde eine metrische Behandlung vorgenommen, obwohl es sich streng genommen um ordinale Daten handelt. Diese Praxis ist zwar weit verbreitet, kann jedoch zu leichten Verzerrungen führen, wenn die Abstände zwischen den Antwortkategorien nicht gleich wahrgenommen werden. Des Weiteren besteht die Möglichkeit, dass die Verwendung von Mittelwertindizes dazu führt, dass Abhängigkeiten zwischen einzelnen Items geglättet oder überzeichnet werden. Hohe Reliabilitätswerte weisen zwar auf interne Konsistenz hin, können jedoch auch Redundanzen in der Skalenstruktur widerspiegeln.

Die explorativen Faktorenanalysen und Clusterverfahren, die zur Strukturierung der Daten eingesetzt wurden, sind ferner modellbildend und in hohem Maße stichprobenabhängig. Bei einer begrenzten Anzahl von Fällen besteht die Gefahr, dass geringfügige Veränderungen in den Daten oder den Startwerten zu leicht voneinander abweichenden Faktorlösungen führen. Die identifizierte Typologie von Institutsgruppen (ganzheitlich hochbelastet, Drittparteien-Fokus, entlastet) sollte demnach als heuristisches Strukturangebot und nicht als endgültige Klassifikation verstanden werden. Das Regressionsmodell ist mit einem Erklärungsanteil von rund 47 Prozent zwar als substanziell, aber nicht als erschöpfend zu bewerten. Mögliche unbeobachtete Variablen, etwa die Erfahrung mit IT-Prüfungen oder spezifische Governance-Merkmale, können in diesem Fall unberücksichtigt bleiben. Auch der Common-Method-Bias kann im Rahmen der Untersuchung zu einem nennenswerten Einflussfaktor werden. Da wesentliche Variablen, wie Belastung, Ressourcenlage oder Digitalisierungsgrad, im selben Instrument und zum selben Zeitpunkt erhoben wurden, kann eine gemeinsame Methodenvarianz die Zusammenhänge teilweise verstärken. Da objektive Daten, wie tatsächliche Projektbudgets oder Aufwandsstunden, nicht zur Verfügung standen, war eine Validierung über externe Kennzahlen nicht möglich. Die Ergebnisse basieren folglich auf der subjektiven Wahrnehmung der Befragten, die gleichwohl als valide Quelle für Einschätzungen und Trendanalysen gilt, jedoch nicht mit harten Leistungsdaten verwechselt werden darf.

Es ist festzustellen, dass auch die qualitative Komponente der Untersuchung gewisse Grenzen aufweist. Die Auswertung offener Textfelder liefert wertvolle kontextuelle Ergänzungen, basiert jedoch auf einer selektiven Teilmenge der Teilnehmenden. Es ist anzunehmen, dass insbesondere Personen mit ausgeprägten Meinungen oder einem umfangreichen Erfahrungsschatz ihre Perspektive eingebracht haben, wodurch bestimmte Positionen überproportional vertreten sein können. Zudem wurde keine formale Intercoder-Reliabilität erhoben, was eine potenzielle Verzerrung durch subjektive Interpretationen nicht ausschließt. Schließlich ist zu berücksichtigen, dass die Datenerhebung in einer frühen Startphase der DORA-Regulierung erfolgte. Die Resultate spiegeln folglich einen momentanen Zustand wider, der durch eine zunehmende Präzisierung und eine gesteigerte Umsetzungserfahrung der Institute modifiziert werden kann. Die vorliegenden Einschätzungen zur Belastung und zur Proportionalität spiegeln demzufolge den Übergang von der Planungs- in die Umsetzungsphase wider, nicht jedoch den langfristig stabilisierten Zustand.

Trotz dieser Limitationen wurden umfangreiche Maßnahmen zur Qualitätssicherung umgesetzt, darunter Reliabilitätsanalysen, Plausibilitätsprüfungen, nicht-parametrische Tests sowie eine Triangulation quantitativer und qualitativer Befunde. Diese Schritte tragen zur Erhöhung der internen Validität der Ergebnisse bei, können jedoch die strukturellen Grenzen des Forschungsdesigns nicht vollständig kompensieren. Die Resultate sind folglich als belastbare Richtungsaussagen zu interpretieren, die klare Muster und Zusammenhänge aufzeigen, jedoch keine punktgenauen Parameter für die Grundgesamtheit liefern. Die vorliegende Studie kann somit als empirisch fundierter Kompass betrachtet werden, der wertvolle Einsichten in die Belastungsstruktur und die Proportionalitätslücken im Rahmen von DORA liefert.

6.5 Weiterführende Forschungsansätze

Da DORA eine neuartige und dynamische Regulierung darstellt, befindet sich die wissenschaftliche Auseinandersetzung mit ihren praktischen Auswirkungen erst am Anfang. Die vorliegende Untersuchung liefert einen ersten empirischen Zugang zu den Belastungsstrukturen und Proportionalitätslücken bei LSIs. Sie kann jedoch nur als Ausgangspunkt für eine systematischere Forschungsagenda verstanden werden, die quantitative, qualitative und regulatorische Dimensionen stärker miteinander verbindet. Ein zentraler Fokus zukünftiger Forschungsinitiativen sollte auf der Replikation und Skalierung der Untersuchung liegen. Eine größere und heterogenere Stichprobe, die auch systemrelevante Institute (SIs), Spezialbanken und ausländische Jurisdiktionen umfasst, könnte die Generalisierbarkeit der Befunde deutlich erhöhen. Es bedarf insbesondere einer vergleichenden Analyse von LSIs und SIs, um zu ermitteln, ob die wahrgenommenen Belastungsunterschiede tatsächlich vorwiegend aus Größen- und Komplexitätsfaktoren resultieren.

Darüber hinaus wäre ein Längsschnittdesign von besonderem wissenschaftlichem Mehrwert. Eine empirische Untersuchung in Form einer Vorher-Nachher-Analyse, die den Zeitraum vor dem Inkrafttreten und nach der vollständigen Implementierung abdeckt, könnte die Veränderung von Belastungsniveaus, Ressourcenbedarf und Wahrnehmung von Proportionalität im Zeitverlauf erfassen. Die Wirksamkeit der identifizierten Proportionalitätsmaßnahmen, etwa in Form von Roadmaps oder Trusted-Vendor-Modellen, könnte unmittelbar evaluiert werden. Der vorliegende Beitrag kommt zu dem Schluss, dass Impact-Studien ein geeignetes Mittel darstellen, um zu ermitteln, ob aufsichtsrechtlich eingeführte Erleichterungen zu einer messbaren Entlastung führen, ohne dabei die Zielsetzung der digitalen Resilienz zu gefährden. Darüber hinaus sind auch methodisch vielfältige Weiterentwicklungen zu verzeichnen. Eine konfirmatorische Faktorenanalyse oder Strukturgleichungsmodelle könnten die in dieser Arbeit explorativ gewonnenen Skalen empirisch validieren und prüfen, ob sich ein generalisierbarer Belastungsfaktor identifizieren lässt. Des Weiteren wäre die Entwicklung eines Mehrkriterienscores zur Operationalisierung von Proportionalität sinnvoll, welcher Dimensionen wie Outsourcingintensität, Ressourcenverfügbarkeit, Digitalisierungsgrad und Projektbeginn integriert. Ein solcher Score könnte langfristig als Steuergröße dienen, um regulatorische Anforderungen gezielter auf die Leistungsfähigkeit einzelner Institute abzustimmen. Ergänzend könnten quasi-experimentelle Designs, etwa Difference-in-Differences-Analysen bei gestaffelter Umsetzung oder Instrumentvariablenansätze für Beratungsintensität und Ressourcenallokation, kausal belastbare Evidenz zu den Wirkmechanismen regulatorischer Entlastung liefern. Neben diesen quantitativen Vertiefungen bietet sich auch eine Ausweitung qualitativer Forschung an. Mixed-Methods-Ansätze, die Fallstudien zu Verbundstrukturen, Shared-Service-Modellen oder Governance-Prozessen bei IKT-Drittparteien einbeziehen, könnten dazu beitragen, ein tieferes Verständnis dafür zu entwickeln, wie Proportionalität in der Organisationspraxis konkret gelebt wird.

Prozess-Tracing-Analysen innerhalb einzelner Institute oder Verbünde könnten zudem aufzeigen, welche internen Faktoren die Umsetzung von Entlastungsmechanismen fördern oder behindern. Damit ließe sich eine Verbindung zwischen den quantitativen Belastungsindizes und der praktischen Realität institutioneller Steuerung herstellen. Zudem sollten zukünftige Studien die Robustheit und Stabilität der bisherigen Befunde ergänzend prüfen. Multiple Imputation bei fehlenden Werten, das Bootstrapping-Verfahren, alternative Clusteransätze oder Gewichtungen nach Institutsmerkmalen könnten potenziell dazu beitragen, mögliche Verzerrungen zu minimieren und die methodische Belastbarkeit der Ergebnisse zu erhöhen. Darüber hinaus wäre eine Überprüfung der Messinvarianz zwischen verschiedenen Gruppen, wie zwischen Verbund- und Nicht-Verbundinstituten oder zwischen Größenklassen, erforderlich, um sicherzustellen, dass die verwendeten Skalen über alle Gruppen hinweg gleich funktionieren und somit vergleichbare Aussagen erlauben.

Schließlich ergibt sich daraus eine langfristige Forschungsfrage auf konzeptioneller Ebene. Es stellt sich die Frage, wie Proportionalität in künftigen Regulierungswellen dauerhaft verankert werden kann, ohne die Zielsetzung der Resilienz zu unterlaufen. Eine vertiefte Analyse der Rolle europäischer Aufsichtsbehörden ist erforderlich, insbesondere im Hinblick auf ihre Möglichkeiten, Proportionalität über Leitlinien, Standards und Konsultationsprozesse zu operationalisieren. Darüber hinaus bieten die Schnittstellen zwischen DORA und Regulierungen wie NIS2 oder der MaRisk Raum für weiterführende Forschung. Ziel dieser Forschung ist die Identifizierung von Harmonisierungspotenzialen sowie die empirische Messung regulatorischer Kohärenz. Die vorliegende Arbeit eröffnet somit einen ersten empirischen Zugang zu DORA und Proportionalität, wobei eine wissenschaftliche Vertiefung noch aussteht. Künftige Studien sollten daher breitere Datenbasen, differenzierte Methoden und interdisziplinäre Perspektiven kombinieren, um die Tragfähigkeit, Wirkung und institutionelle Integration von Proportionalität in der europäischen IKT-Aufsicht nachhaltig zu erforschen.

Literaturverzeichnis

Aben, Janika/Etti, Paula (2023): European Digital Finance, in: Hamulak, Ondrej/Kerikmäe, Tanel/Troitino, David (Hrsg.): Digital Development of the European Union – An Interdisciplinary Perspective, Cham, S. 67–84.

AFM (Niederländische Finanzmarktaufsicht) (2024): Getting ready for DORA: Testing of the digital operational resilience, in: AFM Supervision DORA Update, Vol. 5, S. 1–8.

Alugoju, Narasimha (2024): Digital Operational Resilience Act (DORA), in: International Journal of Computer Engineering and Technology, Vol. 15, No. 6, S. 911–921.

Ananieva, Yuliia/Zhytar, Maksym (2025): Methodological justification of state regulation and self-regulation of the development of the banking sector and its financial security, in: Financial and Credit System: Prospects for Development, Vol. 3, No. 18, S. 20–34.

Arnaoudova, Kristina/Nisheva-Pavlova, Maria (2023): Enterprise data and semantic modelling: conceptual model of information technology incident management, in: Annual of Sofia University St Kliment Ohridski Faculty of Mathematics and Informatics, Vol. 110, S. 25–36

Avsuvarova, Khanim (2023): Navigating Digital Transformation: Unpacking the Impact of DORA on the Insurance Landscape, o.O.

Barg, Maximilian/Stargardt, Helene (2025): DORA-Umsetzung – Die größten Herausforderungen im Detail, in: FLF-Sonderdruck, Vol. 2, S. 1–5.

Bauer, Stefan (2023): Digital Operational Resilience Act (DORA): Wie hoch wird die nächste Welle der Regulierung?, in: DataNavigator, Vol. 20, S. 1–6.

Begozzi, Valerio/Oldani, Matteo/Terizzano, Francesca (2023): The growing importance of digital risk & governance, in: Risk Management Magazine, Vol. 18, No. 2, S. 27–36.

Benroider, Edward/Elshuber, Christoph/Neumannova, Anita (2023): The Digital Operational Resilience Act for Financial Services: A Comparative Gap Analysis and Literature Review, in: Christodoulou, Klitos/da Cunha, Paulo/Papadaki, Maria/Themistocleous, Marinos (Hrsg.): Information Systems – 19th European, Mediterranean, and Middle Eastern Conference, EMCIS 2022 Proceedings, S. 570–585.

Bernnat, Rainer/Pötsch, Jordan (2025): Regulierung von Künstlicher Intelligenz in der EU – Praxisbezogene Lösungsansätze für die Sicherheit von KI-Anwendungen, Wiesbaden, S. 197–215.

Biernat, Holger/Maksimovic, Tomislav (2019): Bankaufsichtliche Anforderungen an die IT (BAIT) – Konzepte zur Implementierung der neuen Vorgaben, Wiesbaden, S. 93–188.

O. Michelmann, *DORA und LSI-Banken*, Business, Economics, and Law,
https://doi.org/10.1007/978-3-658-51102-9

Blettner, Maria/du Prel, Jean-Baptist/Hommel, Gerhard/Röhrig, Bernd (2010): Auswahl statistischer Testverfahren, in: Deutsches Ärzteblatt, Jg. 107, Heft 19, S. 343–348.

Blix, Fredrik/Popov, Oliver/Seid, Elias (2025): Cyber Resilience Using ASFA: DORA-Compliant Threat-Led Penetration Testing, in: Faramondi, Luca/Hämmerli, Bernhard/Oliva, Gabriele/Panzieri, Stefano/Pascucci, Federica (Hrsg.): Critical Information Infrastructures Security – 19th International Conference, CRITIS 2024, Revised Selected Papers, Rom, S. 269–288.

Boggini, Clara (2024): Reporting cybersecurity to stakeholders: A review of CSRD and the EU cyber legal framework, in: Computer Law & Security Review, Vol. 53, S. 1–8.

Bornemann, Kerstin/Brandes, Felix (2017): Rechtlicher Rahmen des Digital Banking, in: Brühl, Volker/Dorschel, Joachim (Hrsg.): Praxishandbuch Digital Banking, Wiesbaden, S. 357–406.

Boss, Michael/Lederer, Gerald/Mujic, Nadja/Schwaiger, Markus (2018): Proportionality in banking regulation, in: Monetary Policy &the economy, Vol. Q2/18, S. 51–70.

Branson, Mark (2024): Jahrespressekonferenz 2024 – Rede von Mark Branson, Präsident der BaFin: https://www.bafin.de/SharedDocs/Veroeffentlichungen/DE/Reden/re_220503_jahrespressekonferenz2024.html, *zuletzt abgerufen am 08.10.2025.*

Brown, Ted/Onsman, Andrys/Williams, Brett (2010): Exploratory Factor Analysis: A Five-Step Guide for Novices, in: Paramedicine, Vol. 8, S. 1–13.

Buchmüller, Patrik/Puntus, Georg/Tuder, Georg (2019): Regulatorische Agenda im ersten Halbjahr 2019: Wesentliche Neuerungen und Umsetzungsprioritäten für deutsche und österreichische Banken, in: Zeitschrift für Finanzregulierung und Finanzinstitutionen (ZFF), Vol. 1, S. 5–25.

Bundesanstalt für Finanzdienstleistungsaufsicht (2024b): Bankaufsichtliche Anforderungen an die IT (BAIT) – Rundschreiben 10/2017 (BA), Fassung vom 16.12.2024.

Bundesanstalt für Finanzdienstleistungsaufsicht (2024a): Aufsichtsmitteilung: Kleine und sehr kleine Kreditinstitute – Proportionalität in den Anforderungen der BaFin an das Risikomanagement, Fassung vom 26.11.2024.

Burton, Richard/Turner, Scott (2015): Research Design for Mixed Methods: A Triangulation-based Framework and Roadmap, in: Organizational Research Methods, Vol. 20, No.2, S. 1–25.

Busch, Dany (2024): The Future of Equivalence in the EU Financial Sector, in: European Business Organization Law Review, Vol. 25, S. 3–23.

Buttgieg, Christopher/Zimmermann, Beatriz (2024): The digital operational resilience act: challenges and some reflections on the adequacy of Europe's architecture for financial supervision, in: ERA Forum, Vol. 25, S. 11–28.

Camacho, Elena/Donnelly, Shawn/Heidbrecht, Sebastian (2024): Digital sovereignty as control: the regulation of digital finance in the European Union, in: Journal of European Public Policy, Vol. 31, No. 8, S. 2226–2249.

Carrillo, Elena (2024): Cybersecurity in European Financial Institutions: New Grounds for Corporate Governance Reform, in: European Business Law Review, Vol. 34, No. 7, S. 1133–1166.

Chiarella, Carlo/Cuadros-Solas, Pedro/Rossi, Ludovico (2025): Supranational Supervision and Bank Governance, Madrid.

Clausmeier, Dirk (2023): Regulation of the European Parliament and the Council on digital operational resilience for the financial sector (DORA), in: International Cybersecurity Law Review, Vol. 4, S. 79–90.

Contreras, Pedro/Murtagh, Fionn (2012): Algorithms for hierarchical clustering: An overview, in: Wiley Interdisciplinary Reviews: Data Mining and Knowledge Discovery, Vol. 00, S. 1–12.

Correia, Ancleto/Goncalves, Antonio (2024): Regulatory Convergence and Divergence: A Study on the Synergies and Conflicts among Key Cybersecurity European Legslation, in: The 16th Mediterranean Conference on Information Systems (MCIS) and the 24th Conference of the Portuguese Association for Information Systems (CAPSI), Porto, S. 1–20.

Dennick, Reg/Tavakol, Mohsen (2011): Making sense of Cronbach's alpha, in: International Journal of Medical Education, Vol. 2, S. 53–55.

Duggan, Derek (2024): The impact of the Digital Operational Resilience Act on financial market infrastructures in Europe, in: Journal of Securities Operations & Custody, Vol. 16, No. 4, S. 344–350.

Europäische Kommission (2024a): Delegierte Verordnung (EU) 2024/1772 der Kommission vom 13. März 2024 zur Ergänzung der Verordnung (EU) 2022/2554 des Europäischen Parlaments und des Rates durch technische Regulierungsstandards zur Festlegung der Kriterien für die Klassifizierung von IKT-bezogenen Vorfällen und Cyberbedrohungen, der Wesentlichkeitsschwellen und der Einzelheiten von Meldungen schwerwiegender Vorfälle, in: Amtsblatt der Europäischen Union, L 2024/1772 vom 25. Juni 2024.

Europäische Kommission (2024b): Delegierte Verordnung (EU) 2024/1773 der Kommission vom 13. März 2024 zur Ergänzung der Verordnung (EU) 2022/2554 des Europäischen Parlaments und des Rates durch technische Regulierungsstandards zur Spezifizierung des detaillierten Inhalts der Leitlinie für vertragliche Vereinbarungen über die Nutzung von IKT-Dienstleistungen zur Unterstützung kritischer oder wichtiger Funktionen, die von IKT-Drittdienstleistern bereitgestellt werden. Amtsblatt der Europäischen Union, L 2024/1773 vom 25. Juni 2024.

Europäische Union (2022): Verordnung (EU) 2022/2554 des Europäischen Parlaments und des Rates vom 14. Dezember 2022 über die digitale operationelle Resilienz des Finanzsektors und zur Änderung der Verordnungen (EG) Nr. 1060/2009, (EU) Nr. 648/2012, (EU) Nr. 600/2014 sowie (EU) Nr. 909/2014. Amtsblatt der Europäischen Union, L 333 vom 27. Dezember 2022.

European Banking Authority (2024): Draft Regulatory Technical Standards on ICT Risk Management Frameworks pursuant to Article 15 of the Digital Operational Resilience Act (DORA).

European Banking Authority (2025): Final Report – Guidelines amending Guidelines EBA/GL/2019/04 on ICT and security risk management (EBA/GL/2025/02, 11/02/2025).

Fernandes, Joao/Ignaim, Karam (2024): Improving Incident Management Processes with Feature Models, in: Journal of Cyber Security and Mobility, Vol. 13, No. 4, S. 701–724.

Finanzmarktaufsicht Österreich (FMA) (2025): IKT-Risikomanagement unter DORA – Erfahrungen aus der Aufsichtspraxis, in: FMA – Reden wir über Aufsicht, Vol. 5, S. 1–4.

Frantz, Christopher/Kianpour, Mazaher (2024): Analysis of Institutional Design of European Union Cyber Incident and Crisis Management as a Complex Public Good, in: Regulation & Governance, Vol. 1, S. 1–26.

Freßmann, Andreas/Ostendorf, Ralf/Smeets, Mario (2024): Robotic Process Automation in Use – Strategic Orientation, Practical Implementation, Audit-Proof Implementation, Wiesbaden, S. 53–120.

Gauthier-Maxence, Celine (2024): European Cybersecurity and AI Framework: Towards Proactive Regulation for a Secure Digital Future, in: EU Law Live, Vol. 212, S. 1–8.

Giannino, Antonio/Sertori, Federico/Valenti, Francesca (2023): Is DORA the dawn of a new era for cybersecurity compliance in the EU's financial sector?, in: Jpurnal of Financial Compliance, Vol. 8, No. 1, S. 32–42.

Glaser, Christian (2022b): Digitale Transformation im Bankenumfeld – Zukunftsfähige Prozesse und Technologien erfolgreich implementieren, damit die Digitalisierung gelingt, Wiesbaden, S. 299–317.

Glaser, Christian (2022a): Risikomanagement im Leasing – Grundlagen, rechtlicher Rahmen und praktische Umsetzung, Wiesbaden, S. 1–14.

Gorobet, Ilinca (2023): Convergence of banking cybersecurity strategies to the new rules on digital operational resilience, in: Academy of Economic Studies of Moldova – Proceedings of International Conference, S. 54–63.

Grima, Simon/Marano, Pierpaolo (2021): Designing a Model for Testing the Effectiveness of a Regulation: The Case of DORA for Insurance Undertakings, in: Risks, Vol. 9, No. 206.

Hackethal, Andreas/Inderst, Roman (2015): Auswirkungen der Regulatorik auf kleinere und mittlere Banken am Beispiel der deutschen Genossenschaftsbanken, Frankfurt.

Hellenkamp, Detlef (2025): Institutionelle Transformation im Bankensektor: Multidimensionale Analyse der Auswirkungen von Digitalisierung, ESG, Demografie und Regulierung auf deutsche und europäische Kreditinstitute, in: Diskussionspapier Duale Hochschule Baden-Württemberg, Stuttgart.

Hille, Lars (2018): Banken zwischen Regulierung und Digitalisierung – Geschäftsmodell unter Stress, in: Böhnke, Werner/Rolfes, Bernd (Hrsg.): Neue Erlösquellen oder Konsolidierung? – Geschäftsmodelle der Banken und Sparkassen auf dem Prüfstand – Beiträge des Duisburger Banken-Symposiums, Wiesbaden, S. 62–83.

Igl, Andreas (2024): IKT-Risikomanagement unter DORA – Einbindung in ICAAP und ILAAP, in: FIRM – Frankfurter Institut für Risikomanagement und Regulierung.

Janciute, Laima (2025): Cybersecurity in the financial sector and the quantum-safe cryptography transition: in search of a precautionary approach in the EU Digital Operational Resilience Act framework, in: International Cybersecurity Law Review, Vol. 6, S. 145–154.

Janssen, Marus/Schreier, Margit/Stamann, Christoph (2016): Qualitative Inhaltsanalyse – Versuch einer Begriffsbestimmung und Systematisierung, in: Forum: Qualitative Sozialforschung, Vol. 17, No.3, Art. 16.

Joosen, Bart/Lehmann, Matthias (2019): Proportionality in the Single Rule Book, in: Chiti, Mario/Santro, Vittorio (Hrsg.): The Palgrave Handbook of European Banking Union Law, Cham, S. 65–90.

Kourmpetis, Stavros (2022): Management of ICT Third Party Risk Under the Digital Operational Resilience Act, in: Böffel, Lukas/Schürger, Jonas (Hrsg.): Digitalisation, Sustainability, and the Banking and Capital Markets Union – Thoughts on Current Issues of EU Financial Regulation, Cham, S. 211–226.

Kudinova, Alina/Maslii, Oleksandra/Smokvina, Valerii/Tsyhanenko, Kyryl (2025): The Impact of digitalization on the Financial Institutions' Economic Security in the Face of Growing Cyber Threats, in: Financial & Credit Activity: Problems of Theory & Practice, Vol. 4, No. 63, S. 466–483.

Kun, Eyup (2024): Challenges in regulating cloud service providers in EU financial regulation: From operational to systemic risks, and examining challenges of the new oversight regime for critical cloud service providers under the Digital Operational Resilience Act, in: Coomputer Law & Cybersecurity Review: The International Joural of Technology Law and Practice, Vol.52, S. 1–15.

Leusmann, Klaus (2023): Nachhaltig erfolgreiches Bankmanagement – Ein Paradigmenwechsel für Banksteuerung und Bankenregulierung, Wiesbaden, S. 73–88.

Milkau, Udo (2021): Operational resilience as a new concept and extension of operational risk management, in: Journal of Risk Management in Financial Institutions, Vol.14, No. 4, S. 408–425.

Mulligan, James/Pierides, Mike (2024): Key themes of resiliency, outsourcing and third-party risk management regimes, in: Journal of Securities Operations & Custody, Vol 17, No. 2, S. 102–118.

Mwai, Rose/ Ogada, Ken/Wabala, Samuel (2023): Role of ICT Risk Management on Insider Fraud Prevention in Commercial Banks in Nairobi County, in: International Journal of Technology and Systems, Vol. 8, No.3, S. 36–64.

Ositashvili, Magda (2024): The key role of the most recent EU regulation – the "Digital Operational Resilience Act" in the legal system, contemporary challenges, and Georgian perspectives, in: European Scientific Journal, Vol. 20, No. 26, S. 1–20.

Osman, Yasmin (2024): Basiswissen Bankenaufsicht: Von Abwicklung bis Zinsrisiko – so werden Banken überwacht, Stuttgart, 2. Auflage.

Perera, Patricia (2018): Operational risk management: the basel II, in: Instituto Superior de Contabilidade e Administração do Instituto Politécnico, Porto.

Petersen, Christoph (2012): Laterale Technologietransferprojekte in multinationalen Unternehmen – Methodik der empirischen Untersuchung, Wiesbaden, S. 137–174.

Pier-Giorgio, Chiara (2024): Towards a right to cybersecurity in EU law? The challenges ahead, in: Computer Law & Security Review, Vol. 53.

Priller, Markus (2025): DORA in Versicherungsunternehmen – Regulatorik, Vorgehensmodell, praktische Aspekte, Erfolgsfaktoren, Karlsruhe, S. 163–218.

Rani, Nanda/Saha, Bikash/Shukla, Kumar (2025): Generative AI in Financial Institution: A Global Survey of Opportunities, Threats, and Regulation, o.O.

Reinert, Nicolas (2018): Die Europäische Bankenaufsicht – Auswirkungen auf regional ausgerichtete Institute, in: Böhnke, Werner/Rolfes, Bernd (Hrsg.): Neue Erlösquellen oder Konsolidierung? – Geschäftsmodelle der Banken und Sparkassen auf dem Prüfstand – Beiträge des Duisburger Banken-Symposiums, Wiesbaden, S. 62–83.

Resano, Jose Ramon (2022): Digital resilience and financial stability. The quest for policy tools in the financial sector, in: Financal Stability Review, Vol.43, S. 57–82

Riaz, Bilal/Younas, Zeeshan (2024): Investigating the impact of DORA Regulations on Third Party Risk Management in the Swedish Financial Sector, Stockholm.

Rocholl, Jörg et al. (2017): Bankenmarkt: Droht ein neuer Deregulierungswettbewerb mit Risiken für die europäischen Banken?, in: ifo Schnelldienst, Vol. 70, No. 1, S. 3–18.

Scheidl, Marcus (2023): Neue Anforderungen an IKT-Infrastrukturen im Finanzsektor, in: FIRM News, No. 1, S. 1–4.

Schlenker, Ben/Waschbusch, Gerd (2024): Geteiltes Wissen, gestärkte Resilienz: Informationsaustausch über Cyberbedrohungen gemäß Art. 45 DORA, in: International Cybersecurity Law Review, Vol. 5, S. 213–236.

Scott, Hal (2021): The E.U.'s Digital Operational Resilience Act: Cloud Services & Financial Companies, in: Program on International Financial Systems – Havard Law School.

Siems, Thomas (2025): Do Banking Regulations Disproportionately Impact Smaller Community Banks?, in: Conference of State Bank Supervisors (CSBS).

Socrates, Majune (2017): A concise Review of classical linear Regression Model Assumptions with Practice using Stata, o.O.

Sowa, Aleksandra (2025): Meldepflichten für Sicherheitsvorfälle, Vorfälle und IKT-bezogene Vorfälle – Getrennt oder Zusammen?, in: Datenschutz und Datensicherheit, Vol. 1, S. 48–54.

Teichmann, Fabian (2025): Ransomware extortion in Europe: legal responses and mitigation strategies, in: International Cybersecurity Law Review, Vol. 6, S. 253–285.

Wendt, Stefan (2024): Informationsregister: Die unterschätzte DORA-Hürde, in: FIRM – Frankfurter Institut für Risikomanagement und Regulierung.

Wolberg, Hans-Bernd (2020): SREP – Neues Prüfungskonzept der Bankenaufsicht, in: Rolfes, Bernd/Wessling, Holger (Hrsg.): Complexity Kills – Banken im Dickicht von Regulierung und verkrusteten Strukturen – Beiträge des Duisburger Banken-Symposiums, Wiesbaden, S. 54–67.

Kolibri 360 GmbH
Ferdinand-Jühlke-Straße 7
99095 Erfurt, Deutschland
produktsicherheit@kolibri360.de